Los ciclos de la vida

Todo, desde el principio hasta el final

Autoría y consultoría:
Consultor principal Derek Harvey
Plantas y animales Steve Setford, Lucy Spelman,
Emily Keeble, Klint Janulis, Richard Walker
Espacio Sophie Allan
Tierra Anthea Lacchia

Ilustración Sam Falconer

Edición sénior Marie Greenwood
Diseño sénior Joanne Clark
Edición Abby Aitcheson, Jolyon Goddard
Asistencia editorial Seeta Parmar
Diseño Katie Knutton, Robert Perry
Diseño de maquetación Vijay Kandwal
Documentación iconográfica Sakshi Saluja

Edición ejecutiva Jonathan Melmoth
Edición ejecutiva de arte Diane Peyton Jones
Preproducción Dragana Puvacic
Producción Inderjit Bhullar
Dirección editorial Sarah Larter

Servicios editoriales Tinta Simpàtica
Traducción Ana Riera Aragay

Publicado originalmente en Gran Bretaña en 2020 por
DK, One Embassy Gardens, 8 Viaduct Gardens,
London, SW11 7BW
Parte de Penguin Random House

Título original: *Life Cycles*
Primera edición: 2021

ISBN: 978-0-7440-4025-8

Impreso y encuadernado en China

Para mentes curiosas

www.dkespañol.com

Los ciclos de la vida

Todo, desde el principio hasta el final

Contenidos

Animales

Los animales están ordenados en el orden siguiente: invertebrados, peces, anfibios, reptiles, aves y mamíferos.

¿Qué es un *ciclo vital?*

La vida cambia constantemente, pero para ello sigue algunas pautas. Los organismos, y entre ellos las personas, crecen, se reproducen... y mueren. También los objetos inertes repiten procesos, desde las montañas, las rocas y los ríos hasta los planetas, los cometas y las estrellas. Estos patrones se llaman ciclos vitales.

Los ciclos vitales están interrelacionados entre sí. Las plantas absorben nutrientes y agua del suelo y captan la energía del Sol. Los animales comen plantas u otros animales para crecer. Muchas plantas dependen de animales como los insectos para que dispersen su polen y poder producir semillas y reproducirse. Cuando una planta o un animal mueren, sus restos se pudren y pasan a formar parte del suelo, que nutrirá a su vez a nuevas plantas.

Los ciclos vitales que vemos a nuestro alrededor parecen eternos. Hay un equilibrio entre nacimiento y crecimiento, entre descomposición y deterioro. Pero estos ciclos son delicados. El cambio, ya sea natural o causado por los humanos, puede alterarlos. Las especies vulnerables pueden reducirse y terminar por extinguirse si sus ciclos se rompen, mientras que, tras millones de años, la evolución hace aparecer nuevas especies.

Los pájaros y la mayoría de los reptiles y los anfibios ponen huevos que se desarrollan fuera del cuerpo de la madre.

La tierra y el espacio

La Tierra cambia sin cesar. Las rocas se desgastan y transforman en otras nuevas, y el agua circula entre el mar, el cielo y el suelo. En el espacio, cometas y estrellas compuestos de gas y polvo arden y se convierten de nuevo en polvo y gas.

Los ciclos vitales de la Tierra son una pequeña fracción respecto a la edad del universo: 13 800 millones de años.

Ciclos de vida sexual

La reproducción sexual requiere dos progenitores (macho y hembra) que aportan cada uno una célula sexual. El óvulo femenino se fusiona (une) con el espermatozoide masculino, en un proceso llamado fertilización. El óvulo fertilizado se transforma entonces en un nuevo animal o planta.

Las semillas se forman cuando el óvulo femenino de la planta es fertilizado por el polen (células sexuales masculinas). Cada semilla contiene el embrión de una nueva planta.

Los hongos, musgos y helechos se reproducen por esporas, que se parecen a las semillas, pero son más pequeñas y simples.

La mayoría de los peces sueltan los huevos o el esperma directamente en el agua, donde se produce la fertilización.

En casi todos los mamíferos, las crías se desarrollan dentro del cuerpo de la hembra, que luego da a luz.

Ciclos de vida asexual

Algunas plantas y animales se reproducen asexualmente, a partir de un solo progenitor. Las crías se desarrollan a partir de un óvulo no fecundado o de una pequeña parte del progenitor. Esas crías son réplicas exactas (copias) de su progenitor.

Los dientes de león se pueden reproducir de forma asexuada, sin que las semillas se polinicen.

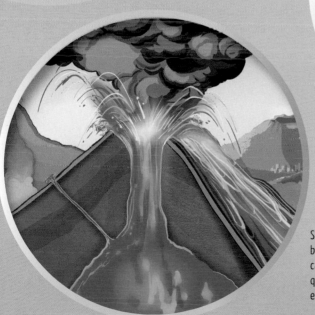

Se forman rocas nuevas bajo tierra o cuando la lava caliente de los volcanes que entran en erupción se enfría y se solidifica.

El espacio

El espacio es increíblemente grande y está lleno de cosas fascinantes, como galaxias, planetas, lunas y agujeros negros. Además, está en cambio constante: se forman estrellas a partir de nubes de gas y polvo, que evolucionan a lo largo de su ciclo vital y luego se desvanecen lentamente, o se apagan con una enorme explosión. ¡Todo lo que existe o existirá se ha creado en el espacio, incluido lo que hace posible que existas!

Los quarks se formaron
en menos de un segundo.

El Big Bang

El universo se originó hace
más de 13 000 millones de
años. No era más que un
punto diminuto, más pequeño
que un grano de sal. Empezó
a existir gracias a una única
explosión descomunal, y
con él el espacio y el tiempo.
Mientras se expandía en
todas direcciones, comenzó
a enfriarse.

En este momento, la
temperatura del universo
era de más de mil millones
de grados centígrados.

Esta primera luz del universo
sigue existiendo como un
tenue brillo de radiación.

A los pocos minutos

Los quarks (los componentes
de todos los materiales) formaron
unas partículas subatómicas
diminutas: los protones y los
neutrones. El universo estaba lo
bastante frío como para que se
transformaran en núcleos simples
(el centro de un átomo).

A los 380 000 años

El universo por fin estaba
lo bastante frío para que
los núcleos atraparan los
electrones y formaran átomos
completos. El universo se
convirtió en una masa
arremolinada de gas
en expansión.

A los 300 millones
de años

Con el tiempo, y a causa
de la gravedad, el gas del
universo formó nubes.
Cuando las nubes colapsaron,
se calentó y nacieron las
primeras estrellas.

También
Descubre cómo se
formaron las estrellas
(12-13), el sistema
solar (14-15) y la
Luna (16-17).

El universo

Nuestro universo es todo aquello que existe: galaxias, estrellas, planetas, lunas e incluso el espacio y el tiempo. El universo es tan grande y tan increíble que cuesta comprenderlo por completo. Nosotros, en el planeta Tierra, no somos más que una mota diminuta en el universo, y es posible que este siga siendo un misterio siempre.

Georges Lemaître El astrónomo belga Georges Lemaître fue el primero en sugerir, en 1927, que el universo había empezado con un Big Bang. Entonces, pocos astrónomos le tomaron en serio.

Telescopio Espacial Hubble Ha hecho centenares de fotografías del espacio. En una diminuta mancha oscura, los astrónomos encontraron 10 000 galaxias, cada una de ellas con cientos de miles de millones de estrellas.

Las primeras estrellas eran enormes y generaron elementos pesados que con el tiempo formaron los planetas.

Nuestra galaxia, la Vía Láctea, es una de las más antiguas del universo.

¿Qué pasará después? ¡Nadie lo sabe! Lo que sí sabemos es que el universo sigue expandiéndose. Si continúa haciéndolo, se volverá incluso más frío y oscuro.

Las galaxias se separan al expandirse el universo.

A los 500 millones de años
La gravedad juntó estas estrellas en grupos de cientos de miles de millones de estrellas que formaron las primeras galaxias, incluida la Vía Láctea.

A los 13 800 millones de años
Actualmente, el universo se sigue expandiendo. Es una gran colección de galaxias, gas y cosas extrañas que seguimos estudiando.

Nacimiento

Cada etapa del ciclo vital de una estrella dura miles de millones de años. Las estrellas nacen de nubes gigantes de polvo y gas: las nebulosas. El gas y el polvo se juntan a causa de la gravedad, formando unas nubes calientes que rotan.

Jóvenes y brillantes

Con el tiempo, estas nubes se calientan tanto que en su interior empiezan a producirse reacciones nucleares y se convierten en estrellas. El intenso calor hace que brillen. Una estrella joven se llama protoestrella (*proto* significa «primero»).

Muerte

La nebulosa planetaria se aleja y se dispersa por el espacio, lista para formar nuevas estrellas. De la estrella solo queda el núcleo brillante, que se llama enana blanca. Se va haciendo más pequeña hasta enfriarse y convertirse en una enana negra.

Estrellas

Como los animales, las estrellas nacen, crecen y se desarrollan... y mueren. Según su tipo y su tamaño, las estrellas viven y mueren de una forma u otra. Las más grandes brillan más pero viven menos que las más pequeñas. Este es el ciclo vital de una estrella mediana.

El Sol El Sol es una estrella mediana y seguirá el mismo ciclo vital que la de arriba. El Sol se formó hace unos 4600 millones de años y actualmente está en la etapa de la secuencia principal. Morirá dentro de unos 5000 millones de años.

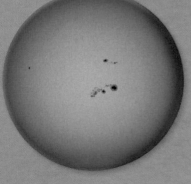

Enanas negras Las estrellas mueren de distintas formas. Las medianas se convierten en una masa amorfa y oscura llamada enana negra. Las más grandes se desintegran y se convierten en agujeros negros. La gravedad es tan fuerte que no puede escapar nada de luz.

Mediana edad

Poco a poco, la estrella se va calentando y brilla más. A medida que se calienta, los gases, incluido el hidrógeno, prenden y empiezan a quemarse. Esta etapa, llamada etapa de la secuencia principal, abarca la mayor parte de la vida de la estrella.

Se hace más grande

Tras miles de millones de años, la estrella se queda sin hidrógeno en el núcleo. La estrella se expande hasta alcanzar un tamaño enorme, y la temperatura de su capa exterior desciende, haciendo que se vuelva roja. Pasa a llamarse gigante roja.

Desvanecimiento y muerte

Una vez consumido todo el combustible, las capas exteriores de la gigante roja empiezan a desaparecer. Esta nube brillante se llama nebulosa planetaria.

También
Descubre cómo se formaron el universo (10-11), los planetas y el Sol (14-15).

Calentamiento El color de una estrella depende de lo caliente que está. Las estrellas más calientes producen una luz azul. Las más frías, tienen una luz rojiza anaranjada. Si miras el cielo con unos prismáticos una noche despejada, puedes distinguir los distintos colores.

Azul	Blanca azulada	Blanca	Blanca amarillenta	Amarilla	Naranja	Roja
45 000 ºC	30 000 ºC	12 000 ºC	8000 ºC	6500 ºC	5000 ºC	3500 ºC

El Sol ha nacido

Cuando la nube colapsó a causa de la gravedad, su centro empezó a calentarse. Se puso tan caliente que los átomos de hidrógeno se combinaron para producir helio, en un proceso llamado fusión. Esto liberó una cantidad enorme de energía, y nació una estrella caliente y brillante: el Sol.

Algunos de los gases más ligeros derraparon hacia el frío borde exterior del disco.

Formación de los planetas

Materiales procedentes de la nube empezaron a formar los planetas. Cerca del Sol, la gravedad hizo que se juntaran restos de polvo formando los planetas rocosos. Más lejos, donde hacía más frío, los gases se juntaron formando unos planetas enormes llamados gigantes gaseosos.

Mercurio

Venus

Saturno

Júpiter

Tierra

Marte

Neptuno

Urano

También

Descubre más sobre el universo (10-11) y sobre cómo se forman las estrellas (12-13).

Nuestro sistema solar

Los planetas tardaron decenas de millones de años en formar nuestro sistema solar. Mercurio, Venus, la Tierra y Marte son planetas rocosos, y Júpiter, Saturno, Urano y Neptuno son gigantes gaseosos. Entre Marte y Júpiter hay una zona llamada cinturón de asteroides, que contiene muchos planetas enanos más pequeños y pequeños asteroides rocosos.

Más allá de la órbita de Neptuno, los gases congelados formaron cometas.

Inicios polvorientos

Hace unos 4600 millones de años, una nube de polvo y gas empezó a contraerse sobre sí misma. Al colapsar, comenzó a girar, formando un disco denso.

Zona de habitabilidad estelar Es la zona de nuestro sistema solar en la que pueden existir el agua y la vida. En ella las condiciones son óptimas: ni demasiado lejos ni demasiado cerca del Sol.

El sistema solar

El sistema solar es nuestro hogar. Una comunidad de planetas, lunas, asteroides y cometas que danzan formando un anillo cósmico alrededor de nuestra estrella, el Sol. El Sol, que se encarga de que todo siga girando a su alrededor, atrapado en su gravedad, tiene la clave del futuro de nuestro sistema solar.

Cuando el Sol se expanda, esta zona se alejará de la Tierra. Con el tiempo, algunos de los gigantes gaseosos y sus lunas estarán en ella.

¿Qué ocurrirá después?

Por ahora, nuestro sistema solar es bastante estable. Pero dentro de unos 5000 millones de años, el Sol se quedará sin hidrógeno y empezará a quemar el helio. Cuando esto ocurra, se hinchará y se enfriará hasta convertirse en una gigante roja, un tipo de estrella que entra en una etapa avanzada de su vida, ¡y engullirá Mercurio, Venus y quizá también la Tierra!

Colisión en el espacio

En la colisión entre la Tierra y Tea, Tea quedó destruida. Enormes cantidades de materiales procedentes de ambos planetas fueron arrojadas al espacio. La roca fundida de Tea se unió a la Tierra.

Formación de la Luna

El material procedente de esta colisión empezó a orbitar alrededor de la Tierra. La gravedad hizo que se fuera juntando hasta que se formó la Luna, una bola caliente de roca fundida de tamaño cuatro veces inferior al de la Tierra.

La Luna

Se cree que nuestra compañera inseparable en el espacio, la Luna, se creó hace 4500 millones de años. Cuando la Tierra era todavía muy joven, era una bola caliente de roca y metal fundidos. Un planeta del tamaño de Marte llamado Tea chocó con la Tierra, y nació la Luna.

También

Descubre más cosas sobre el sistema solar (14-15) y los cometas (18-19).

Mares lunares La cara de la Luna que vemos está cubierta de zonas oscuras, o mares. ¡Se llaman así porque los primeros astrónomos creían que eran mares de verdad! Se formaron hace mil millones de años, cuando unas rocas fundidas llamadas magma salieron a la superficie y se enfriaron.

Eclipse A veces, el Sol, la Luna y la Tierra están perfectamente alineados: cuando la Luna pasa entre el Sol y la Tierra, tiene el tamaño justo para tapar totalmente el Sol. Es decir, tiene lugar un eclipse.

Asteroides y cometas

Al enfriarse la Luna, en su superficie se formó una corteza de roca sólida. Durante los siguientes 500 millones de años, la Luna y la Tierra fueron golpeadas por pequeños objetos compuestos de roca y hielo llamados asteroides y cometas.

La Luna se aleja de la Tierra a un ritmo de 4 cm al año.

Hasta hace unos mil millones de años, la cara de la Luna que queda más cerca de la Tierra estaba cubierta de volcanes activos.

Desde la Tierra vemos siempre la misma cara de la Luna.

La Luna hoy

La Luna se fue enfriando y la roca fundida se solidificó para formar el astro que vemos hoy, un lugar seco y sin atmósfera, con la superficie llena de cráteres causados por el impacto de asteroides. Actualmente, la Luna orbita la Tierra, y da una vuelta completa cada 27,3 días.

Mareas La Luna influye en las mareas. La gravedad atrae el agua de la Tierra, haciendo que se eleve. Al orbitar la Tierra, la Luna atrae esa elevación del agua, lo que hace que el nivel del mar suba y baje. Estos movimientos son las mareas.

Cráter de impacto Aunque no es lo habitual, los cometas y los meteoritos pueden chocar con la Tierra y dejar en ella grandes cráteres de impacto como este de Arizona, Estados Unidos. ¡Se cree que el impacto de un cometa provocó la extinción de los dinosaurios!

Cometas

Los cometas son mundos helados y polvorientos creados a partir de los materiales que sobraron tras la formación de nuestro sistema solar. Algunos están tan lejos del Sol que no podemos verlos ni siquiera con un telescopio. Pero otros pueden verse en el cielo nocturno.

Los cometas pasan la mayor parte del tiempo en una zona llamada cinturón de Kuiper, situada al límite de nuestro sistema solar.

Dos colas Los cometas en realidad tienen dos colas, una de polvo que se extiende por detrás y otra de gas que es apartada del Sol por los vientos solares.

Un cometa puede ser expulsado del cinturón de Kuiper tras chocar con otro cometa.

Rosetta La sonda espacial europea Rosetta alcanzó el cometa 67-P en 2014. La sonda envió un aterrizador llamado Philae, que fue el primer objeto que aterrizó en un cometa y permitió a los científicos descubrir muchas cosas sobre ellos.

Inicios rocosos

Lejos del Sol, hace tanto frío que el agua y los gases se congelan, acumulándose en la superficie del polvo. La gravedad hace que empiecen a unirse, formando rocas heladas que siguen juntándose hasta que finalmente se forma un enorme cometa rocoso helado.

A veces los cometas tropiezan con algún planeta. El cometa explota en la atmósfera o impacta contra la superficie del planeta.

Esfumarse

Si el cometa se acerca demasiado al Sol, se sobrecalienta. Esto hace que el gas congelado y el hielo se transformen directamente en gas. Este proceso se llama sublimación y hace que el cometa se esfume.

Retorno

Si no se esfuma ni golpea un planeta, el cometa viaja de vuelta al cinturón de Kuiper, desplazándose cada vez más despacio hasta que la gravedad vuelve a atraerlo hacia el Sol describiendo una órbita elíptica (ovalada). Un cometa puede llegar a tardar 200 años en completar una rotación alrededor del Sol.

La radiación del Sol hace que la cola brille y adopte una hermosa tonalidad blancoazulada.

En griego antiguo, «cometa» significa «cabellera».

Cometa veloz

Si un cometa es expulsado del cinturón de Kuiper, empieza a acelerar hacia el Sol. A medida que se acerca, se calienta, y el agua y los gases congelados se transforman de nuevo en gas, y crean una pequeña atmósfera llamada coma. Esta coma es empujada por un flujo de materiales procedentes del Sol llamado viento solar: es la cola del cometa.

También
Descubre más cosas sobre el sistema solar
(14-15).

La Tierra

Nuestro hogar, el planeta Tierra, se encuentra en un estado de transformación constante. Los ríos y los glaciares modelan el paisaje, mientras que la roca fundida burbujea bajo la superficie. A lo largo de millones o incluso miles de millones de años, se han ido formando los océanos y los continentes, modelando la superficie de la Tierra. Los volcanes entran en erupción y se extinguen, y las montañas se elevan y se erosionan.

Continentes

Actualmente la Tierra está formada por siete continentes, que están situados sobre unos bloques de roca llamados placas tectónicas, que están en constante movimiento. Hace cientos de millones de años, en la Tierra solo había una gran masa de tierra. Con el tiempo, a medida que las placas chocaban entre sí o se rompían, esta masa se fue fragmentando y formando distintos continentes.

América del Sur y África se separaron al comenzar a abrirse el océano Atlántico.

India empezó a desplazarse hacia Asia.

Parte del antiguo mar de Tetis, entre África, Europa y Asia, se convirtió en el mar Mediterráneo.

Un continente

Hace unos 320-200 millones de años, había una única superficie terrestre: Pangea. Era una enorme masa continental, o supercontinente, rodeada de agua.

Pangea

Fósiles Los geólogos que estudiaban animales y plantas fosilizadas descubrieron similitudes entre los de Sudamérica y los de África, lo que les llevó a pensar que hace tiempo vivían juntos en un supercontinente.

Las Rocosas Esta gran cadena montañosa de Norteamérica se formó cuando las placas del océano Pacífico se deslizaron bajo la placa continental de América del Norte.

Fragmentación

Hace unos 175 millones de años, unas rocas fundidas y calientes llamadas magma empezaron a salir a la superficie, lo que hizo que Pangea se dividiera en varios continentes más pequeños.

El océano Atlántico seguirá ensanchándose.

La separación entre Groenlandia y América del Norte empezó hace 66 millones de años y todavía no ha terminado.

África se desplazará más al norte y cerrará el mar Mediterráneo.

Groenlandia

Europa

América del Norte

Mar Mediterráneo

Asia

India

África

América del Sur

¿Qué pasará después?

Estudiando el movimiento de las placas, los geólogos pueden predecir qué aspecto tendrán los continentes dentro de unos 50 millones de años.

También
Para saber más sobre qué ocurre cuando dos continentes chocan, ver las montañas (28 29).

Australasia

Tras separarse de América del Sur, hace unos 34 millones de años, la Antártida empezó a cubrirse de hielo.

Antártida

Siete continentes

Los continentes actuales quedaron establecidos hace unos 20 millones de años. Sin embargo, continúan moviéndose sin parar en distintas direcciones.

¡El océano Atlántico crece a la misma velocidad que tus uñas!

La dorsal mesoatlántica

Esta cadena separa la placa euroasiática (la que está bajo Europa y Asia) de la Norteamericana. La mayor parte de la cadena está bajo el agua, pero en Islandia hay partes que son visibles.

Terremotos
Estos fuertes temblores del suelo se producen cuando las placas chocan o se rozan entre ellas. Pueden hacer caer edificios e incluso causar la muerte de un gran número de personas.

Salir a la superficie

El magma que llega a la superficie de la Tierra se llama lava. Se enfría muy deprisa y, al solidificarse, forma otros tipos de roca ígnea, como el basalto. Con el tiempo, las rocas se erosionan y son arrastradas hacia el mar, con lo que el ciclo de las rocas empieza de nuevo.

Lluvia, viento y hielo

Las nubes de tormenta llevan lluvia, aguanieve y nieve que con el tiempo hacen que las rocas se debiliten y se rompan. El viento también ayuda a fragmentar las rocas.

El hielo de los glaciares se funde y va a parar a los ríos y arroyos, que arrastran trozos de roca hasta el mar.

El magma también puede enfriarse y solidificarse poco a poco bajo tierra, lo que crea rocas ígneas como el granito.

Desgaste

Las rocas son arrastradas por un río, un glaciar o el viento y poco a poco se van rompiendo en trozos más pequeños.

Magma

Si el calor es muy intenso, las rocas sedimentarias y metamórficas se transforman en magma, líquido y caliente. El magma puede salir a la superficie a través de una erupción volcánica.

Las playas se forman al acumularse en la costa pequeños trocitos de roca.

Calor y presión

Si una roca sedimentaria se desplaza a las entrañas de la Tierra, se ve sometida a una gran presión y a temperaturas de hasta 200 °C. El calor y la presión hacen que se convierta en una roca metamórfica.

Las rocas sedimentarias se transforman en metamórficas a unos 10 km de profundidad en las entrañas de la Tierra.

Rocas

Las rocas están compuestas por uno o más minerales. No parecen capaces de viajar demasiado lejos, pero ¡lo hacen! Se mueven a través de la Tierra: desde la superficie descienden a mucha profundidad bajo nuestros pies y luego suben de vuelta a la superficie. Por el camino, durante millones de años, experimentan grandes cambios.

En la playa

Con el tiempo, los trozos de rocas llegan a la costa en forma de arena, guijarros o lodo. Normalmente, los ríos los arrastran al mar y los dejan en su lecho. A veces, permanecen en tierra firme, donde se comprimen y se solidifican para formar rocas sólidas.

También

Descubre más sobre cómo se forman las rocas en continentes (22-23) y volcanes (30-31).

Bajo el mar

Poco a poco, los trozos diminutos de roca se van colocando unos sobre otros en el lecho marino. Se compactan y forman rocas sedimentarias.

Algunos trozos de rocas sedimentarias son arrastrados a una gran profundidad, en las entrañas de la Tierra.

Sedimentaria En el Parque Nacional Badlands, en Dakota del Sur, Estados Unidos, abundan las rocas sedimentarias con franjas de distintos colores.

Ígnea La obsidiana es una roca ígnea formada hace miles de años, al enfriarse la lava rápidamente en la superficie de la Tierra. Los pedazos rotos de obsidiana tienen los bordes muy afilados.

Metamórfica El esquisto es una roca metamórfica que antes ha sido pizarra o lutolita. Está compuesta por capas de minerales que se han combinado y comprimido, como se ve en sus franjas de colores.

Fósiles

Los fósiles son las huellas o los restos que se conserva de animales y plantas antiguos. Estudiar los fósiles nos ayuda a comprender la vida y la evolución de los organismos a lo largo del tiempo. Los fósiles son escasos, porque solo se forman en determinadas condiciones y tardan mucho en hacerlo.

Muerte y entierro

¡Para acabar fosilizado, primero hay que morir! Pero para que se forme un fósil, además, la planta o animal debe quedar enterrado rápidamente, ya que así su descomposición es más lenta. Muchos fósiles se forman dentro o cerca del agua, bajo el lodo o la arena del fondo.

Probablemente, a este estegosaurio lo arrastró al agua una marea o una inundación.

Capas de roca

Pequeños fragmentos de rocas y minerales (los sedimentos) se acumulan sobre el animal muerto. Con el tiempo, estas capas se comprimen hasta formar una roca sólida que aplasta los restos del animal.

A veces los fósiles, al estar enterrados, se ven aplastados o retorcidos por la presión.

Exhibición
Algunos fósiles se exhiben en los museos, pero otros muchos no pueden ser vistos por el público. Estos tesoros escondidos son estudiados por unos científicos llamados paleontólogos.

Coprolito
Los coprolitos son heces fosilizadas. El más grande que se ha encontrado se cree que perteneció a un Tiranosaurio rex y mide más de 1 m de largo. Por suerte, hace tiempo que ya no huele.

Se convierte en roca

Con el tiempo, los minerales de los restos del animal quedan parcial o totalmente reemplazados por minerales rocosos. Se ha convertido en un fósil.

Desenterrarlo

Los paleontólogos utilizan herramientas como martillos y cinceles, e incluso instrumental dental y pinceles, para desenterrar y limpiar los fósiles.

También

Descubre más sobre la erosión de las rocas en el ciclo de las rocas (24-25) y sobre los dinosaurios (96-101).

Los fósiles se encuentran en las rocas sedimentarias, como la caliza, la arenisca o la lutolita.

La erosión de la roca puede dejar al descubierto parte del fósil.

Los paleontólogos usan carcasas de yeso para proteger el fósil.

Ámbar Este tipo especial de fósil se forma gracias a la resina de los árboles. Los insectos y otros animales que quedaron atrapados en esta sustancia pegajosa han quedado perfectamente conservados.

Pistas fósiles Entre las pistas fósiles están las huellas, las madrigueras y los coprolitos. Nos dicen más cosas sobre cómo vivía y se comportaba un animal que los fósiles corporales, como los huesos y los caparazones.

Crecimiento

Las montañas jóvenes continúan elevándose mientras las placas tectónicas se desplazan. La placa Índica sigue incrustándose en la placa Euroasiática, a un ritmo de unos 5 cm al año, de modo que la cordillera del Himalaya sigue aumentando de altura.

Al formarse una montaña, rocas muy viejas salen de las entrañas de la Tierra y se elevan por encima del nivel del mar.

La corteza de la Tierra se hace más gruesa y se pliega para formar una cordillera montañosa.

Montañas

Hay montañas en todos los continentes y en el fondo de todos los océanos. Se forman cuando dos placas tectónicas chocan o cuando una placa se desplaza debajo de otra. Las montañas no duran siempre. Cuesta imaginar que una montaña pueda desaparecer, pero ocurre continuamente.

Formación de montañas

Las placas tectónicas de la superficie de la Tierra a veces chocan entre sí. Cuando esto ocurre, se empujan y se forman las montañas, como el Himalaya en Asia.

Las rocas de los extremos de los continentes se comprimen y se elevan, y se forman montañas.

Erosión

En cuanto empieza a formarse, la montaña también empieza a desgastarse. La lluvia y el viento rompen las rocas de las montañas, y los ríos las arrastran aguas abajo.

También

Descubre más cosas sobre los continentes (22-23) y sobre los ríos (36-37).

Los ríos serpenteantes pueden tallar las rocas y formar altas colinas o cerros.

Aplanamiento

Con el tiempo, las montañas desaparecen: los ríos, la lluvia y el viento erosionan las rocas y las arrastran hacia el mar. La erosión acaba aplanando las montañas y formando vastas zonas de terreno llano, las llanuras.

El monte Everest es la cima más alta de la Tierra.
Tiene 8848 m de altura.

Los Andes

No todas las montañas se crean a partir de la colisión de dos placas tectónicas. Algunas lo hacen cuando una placa se desliza debajo de otra. Así se formaron los Andes, en América del Sur.

Cimas en el espacio

Las montañas no son exclusivas de la Tierra. También las hay en la Luna y en otros planetas. En Venus hay una montaña llamada Maxwell Montes de 11 km de altura.

Montañeros marinos

¡Muchas cimas están formadas por rocas creadas en los océanos primitivos! Estas rocas contienen fósiles de animales marinos, como las amonitas, unos parientes extintos del calamar.

Volcanes

Los volcanes pueden parecer conos empinados o tener suaves pendientes. Pueden generar erupciones espectaculares y ruidosas o escupir lava lentamente y sin hacer ruido. Los volcanes activos entran en erupción con regularidad, aunque no es fácil predecir cuándo lo harán. En el mundo hay unos 1500 volcanes potencialmente activos.

En una erupción explosiva, la ceniza sale disparada hacia el cielo y luego cae de nuevo a la Tierra.

La ceniza y el magma se endurecen en capas en los laterales del volcán, formando un cono.

Una placa se desliza debajo de la otra.

El magma está en unas cámaras subterráneas y asciende porque es menos denso que la roca sólida.

El magma asciende por unas chimeneas que llevan hasta unos orificios en la corteza de la Tierra, las fumarolas. Un volcán puede tener diversas fumarolas.

Cobran vida

Los volcanes suelen formarse en los extremos de las grandes placas tectónicas de la Tierra. Cuando dos placas chocan, una puede deslizarse bajo la otra. El magma, las cenizas y los gases ascienden hasta llegar a la superficie y se forma un volcán.

Erupciones explosivas

La presión causada por los gases que se expanden en la cámara magmática aumenta poco a poco hasta que se libera de repente durante la erupción. Lo explosiva que sea la erupción depende de la cantidad de gas que haya en el magma. Si el magma es pegajoso y está lleno de gas, la erupción será muy explosiva.

Los volcanes son activados por unas cámaras situadas en las entrañas de la Tierra, que se llenan de magma.

Al rojo vivo En Hawái, Estados Unidos, el flujo de lava volcánica puede alcanzar temperaturas de hasta 1175 °C y una velocidad de 30 km/h. A esa temperatura, la lava es de color rojo intenso.

Cojines bajo el agua

La lava caliente que sale por las grietas del lecho marino se solidifica muy rápidamente y forma unas figuras circulares esponjosas que se conocen como lava acojinada.

Extinción

Con el tiempo, la cámara magmática se vacía. Ya no se producen más erupciones y se dice que el volcán se ha extinguido. Acabará erosionándose como otra montaña cualquiera.

Volcanes dormidos

Cuando un volcán lleva décadas sin entrar en erupción, pero se espera que lo haga en el futuro, se dice que está dormido. Algunos permanecen dormidos durante siglos.

El magma que llega a la superficie de la Tierra se llama lava. Al salir del volcán, se enfría.

Con el tiempo, las cámaras magmáticas se van vaciando.

También

Para descubrir más sobre las placas de la Tierra y saber cómo se mueven, ver continentes (22-23) y montañas (28-29).

Calzada del Gigante

Cuando la lava se enfría, puede crear formas de una geometría perfecta, como columnas de seis caras. Un ejemplo espectacular de ello es la Calzada del Gigante, en el norte de Irlanda.

Pompeya
En 79 d. C., la erupción del monte Vesubio, en Italia, destruyó la ciudad de Pompeya. Los restos de las personas que vivían allí se conservaron enterrados en la ceniza volcánica.

Se forman nubes

Al subir, el vapor de agua se enfría y se convierte en unas gotas diminutas de agua, en un proceso de condensación. Las gotas son tan pequeñas que flotan en el aire y forman nubes.

El ciclo hidrológico es impulsado por la energía del Sol.

El agua cae en forma de lluvia, granizo o nieve.

Humedad de las plantas

Las plantas absorben agua por las raíces y la liberan en forma de vapor a través de las hojas. Eso aumenta la humedad del aire y hace que se formen más nubes.

Emerge del mar

El calor del Sol hace que el agua de la superficie del océano se evapore. Eso significa que el agua se convierte en un gas invisible llamado vapor de agua. El vapor se eleva hacia la atmósfera de la Tierra.

También
Descubre cómo se forman los ríos (36-37) y el ciclo vital de un iceberg (38-39).

Agua

En el planeta Tierra siempre hay la misma cantidad de agua, que se recicla y se usa una y otra vez. El agua se desplaza continuamente entre el mar, el aire y el suelo, en un ciclo interminable: el ciclo hidrológico.

El agua pierde su *salinidad* cuando **emerge** del mar.

La lluvia cae

Cuando las nubes tienen muchas gotas de agua diminutas, estas caen en forma de lluvia o, si hace frío, de nieve.

Parte de la lluvia se filtra en el suelo a través de grietas diminutas en las rocas y sigue su camino hasta el mar.

El agua superficial se evapora

El agua de la lluvia o de la nieve fundida que no se filtra en el suelo baja por la superficie del terreno hasta que se incorpora a un río o arroyo. Puede seguir filtrándose en el suelo o evaporándose, pero la mayor parte sigue discurriendo hasta llegar al mar.

Niebla Las nubes no siempre se forman en el cielo, sino que también pueden formarse cuando el aire cálido y húmedo se enfría justo sobre el suelo o el mar. Es la niebla.

Salinas Puede extraerse la sal del mar excavando unos fosos poco profundos cerca de la costa y llenándolos de agua de mar. Cuando el agua se evapora, queda la sal. Esos fosos se llaman salinas.

Tierra árida Hay zonas, como los desiertos, en las que llueve muy poco. El lugar más seco de la Tierra son los valles secos de McMurdo, en la Antártida. Algunos lugares llevan casi dos millones de años sin ver la lluvia.

Torbellinos tormentosos

La mayoría de los tornados se desarrollan a partir de las tormentas. El aire cálido y húmedo se eleva desde el suelo y se encuentra con el aire frío y seco que gira dentro de las nubes de tormenta. Como resultado se empieza a formar una columna de aire arremolinado que se extiende hacia el suelo.

Las grandes tormentas suelen tener dos masas de aire arremolinado en su interior. Una gira en la dirección de las manecillas del reloj y la otra en sentido contrario.

Un tornado puede llegar a medir 1,6 km de alto.

Los tornados pueden tener forma de embudo o de cuerda.

También
Para descubrir más acerca del clima, ver el ciclo hidrológico (32-33).

Aceleración

A medida que el aire cálido se eleva, la presión dentro de la tormenta disminuye y el remolino acelera. El aire en un tornado puede soplar a más de 50 m/s.

Aspira todo tipo de escombros y luego los expulsa de nuevo. Arranca casas y árboles.

Cuando la masa de aire vertical llega al suelo, emite un rugido atronador.

Tornados

Los tornados, o torbellinos, son tormentas de viento que se mueven en espirales. Son pequeñas pero extremadamente violentas. Una columna de aire que gira se extiende hacia abajo desde las nubes, aspirando todo lo que encuentra a su paso y dejando una estela de destrucción.

Tormentas Los tornados salen de los cumulonimbos, o nubes de tormenta. Estas nubes son densas y elevadas, y también producen lluvia, granizo e incluso relámpagos.

Final misterioso

No es fácil predecir la dirección en la que se desplazará un tornado. La mayoría desaparecen pasados unos minutos, pero algunos pueden durar más de una hora; luego dejan de recibir aire nuevo y se desvanecen. La razón exacta por la que un tornado finaliza su ciclo vital sigue siendo un misterio.

Remolino de polvo Estas columnas de polvo en forma de remolino se forman a partir de las suaves brisas del desierto. No son tan potentes como los tornados, pero también pueden ser peligrosos.

Los vientos de los tornados **alcanzan velocidades máximas** *de más de 482 km/h.*

Huracanes Estas enormes tormentas se forman sobre las aguas de océanos cálidos. Tienen una zona de relativa calma en el centro, que se llama ojo.

Las personas y los animales pueden protegerse en una habitación resguardada de una casa robusta o en un sótano para tormentas.

Ríos

Un río es una corriente de agua dulce que fluye por la superficie de la Tierra desde las montañas colina abajo hasta el mar. Los ríos pequeños se llaman arroyos. A su paso, los ríos desgastan, o erosionan, las rocas circundantes y dejan depósitos de arena y gravilla, creando formas en el paisaje.

Los ríos con pendientes pronunciadas van desgastando poco a poco las rocas. A lo largo de miles de años, van esculpiendo valles en forma de V.

Los afluentes son arroyos de agua dulce que desembocan en otros ríos.

Río viejo

Los ríos maduros, o viejos, fluyen por suaves pendientes. Aquí, el terreno escarpado se ha ido erosionando. Estos ríos se dividen en muchos arroyos por el camino. No fluyen tan rápido como un río joven.

Los ríos jóvenes discurren rápidamente por pendientes pronunciadas, formando cascadas y rápidos (partes del río en las que el agua discurre muy rápido).

Nacimiento de un río

Los ríos suelen originarse en montañas en las que se acumula la lluvia o la nieve, creando pequeños cauces. Luego el agua se va recogiendo en cauces cada vez mayores y se forma un río.

Las cascadas se suelen formar cuando el río es joven y desempeñan un papel importante en la erosión, ya que el agua al caer desgasta la roca.

Hay ríos en todos los continentes.

Al moverse de un lado a otro, el agua esculpe (erosiona) cauces en forma de S en el paisaje. Estas curvas que describe el río se llaman meandros.

Un brazo muerto son los restos de un meandro que han quedado aislados del curso del río.

Los ríos viejos suelen depositar crestas anchas y bajas de sedimentos en las orillas. Estas crestas se llaman diques.

También

Descubre cómo encajan los ríos en el ciclo hidrológico (32-33).

A veces los ríos se dividen en varios brazos que se dispersan, formando un delta. El terreno bajo y llano que rodea el delta de un río suele ser rico y fértil.

Final del río

Los ríos viejos discurren lentamente por regiones llanas, formando pantanos lodosos. Finalmente, el río llega al mar, en su desembocadura. Aquí termina la vida del río.

Las llanuras aluviales son las zonas llanas de terreno a ambos lados de un río. Se forman con el tiempo gracias a los sedimentos depositados por los ríos.

Cataratas Victoria

Con una altura de 108 m, las cataratas Victoria están entre las cataratas más grandes del mundo. Los lugareños las llaman *Mosi-Oa-Tunya*, que significa «humo que truena». Están en la frontera entre Zambia y Zimbabue, y les da agua el río Zambeze.

Delta del río Misisipi El río

Misisipi realiza un largo viaje de 3750 km, que termina en un delta, una de las regiones más fértiles de la Tierra. Incluye desde marismas salobres hasta playas de arena. En él viven animales en peligro de extinción, como la tortuga verde.

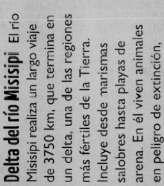

Formación de un glaciar

Un glaciar se forma cuando los copos de nieve se amontonan y se comprimen con fuerza. Los glaciares cubren más o menos el 10 % de la superficie de la Tierra y acumulan hasta un 75 % de su agua dulce. Los glaciares avanzan cuando el hielo y la nieve se acumula, y luego retroceden cuando se descongela.

Icebergs

Los icebergs son grandes trozos de hielo que se encuentran tanto en la región ártica como en la Antártica. Se crean cuando se desprende un fragmento de un glaciar, unas enormes masas de hielo en movimiento. Los icebergs cambian de forma e incluso de color. Muchas criaturas marinas usan los icebergs como terrenos de caza.

También
Conoce a los pingüinos que viven en la región glacial de la Antártida (108-109).

Los pingüinos emperador se reúnen en los icebergs en busca de comida.

Fragmentación

Trozos de los extremos del glaciar se rompen y caen al agua. Este fenómeno se llama parto y los trozos pasan a ser icebergs. Pueden ser desde pedazos que miden 2 m de largo hasta bloques gigantes del tamaño de un país pequeño.

Se aleja flotando

Los icebergs están compuestos de agua dulce congelada, pero flotan por las aguas de los océanos salados. Suelen durar entre 3 y 6 años. Las olas los arrastran, así que pueden chocar entre ellos o con tierra firme.

Franjas de hielo

¡Algunos icebergs tienen rayas! Estas franjas oscuras son trocitos de tierra y sedimentos que el iceberg arrastra al desprenderse del glaciar.

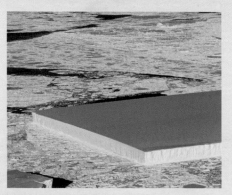

Planos por arriba
Los icebergs pueden adoptar apariencias distintas: pueden tener forma de cuña o de cúpula, o estar rematados con agujas. Los que son planos por arriba y con los lados verticales se llaman tabulares, como este rectangular hallado en la Antártida.

Cambio de forma

Las olas erosionan (desgastan) los bordes de los icebergs, creando arcos y cuevas espectaculares en el hielo. El roce con el lecho marino o la costa también los moldea confiriéndoles distintas formas.

Los pequeños trozos de hielo que se desprenden del iceberg se llaman grietas de ruptura, y son un peligro para los barcos que pasan cerca.

La vida en el iceberg

Los icebergs albergan sus propias minicomunidades, o ecosistemas, de organismos vivos. Atraen algas diminutas, krill y peces. Las aves marinas, como los petrels y los pingüinos, cazan y se alimentan de estas criaturas marinas.

Deshielo

Cuando un iceberg navega por aguas más cálidas o está rodeado de aire caliente, empieza a derretirse. El hielo se funde formando pozas y las fisuras se hacen más anchas hasta que el iceberg poco a poco desaparece.

A los pingüinos que viven en el hielo les encanta el krill.

Hielo de colores
Los icebergs suelen ser blancos o azules, pero las algas que viven en el hielo pueden producir una variedad de colores, entre ellos el verde. Algunos icebergs son ricos en hierro procedente del polvo de roca, y tienen una tonalidad amarilla o rojiza.

Solo una octava parte del iceberg flota en la superficie del océano. La mayor parte está bajo el agua.

Carbono

El carbono es esencial para la vida en la Tierra. Está presente en la atmósfera, los océanos, las plantas, la tierra, las rocas e incluso en nuestros cuerpos. La cantidad total de carbono en el mundo no aumenta ni disminuye, pero se mueve y cambia de forma constantemente. Este proceso se llama ciclo del carbono.

En la atmósfera

En el aire, el carbono se combina con el oxígeno formando dióxido de carbono (CO_2). El CO_2 se considera un gas de efecto invernadero porque atrapa el calor. Reducir la cantidad de CO_2 en la atmósfera puede ayudar a prevenir el calentamiento global.

Las plantas ayudan a reducir la cantidad de dióxido de carbono de la atmósfera.

Las plantas y los animales muertos al descomponerse liberan CO_2.

Absorción

Las plantas usan la energía de la luz del Sol para combinar el dióxido de carbono del aire con el agua y así fabricar alimento. Este proceso se llama fotosíntesis.

El carbono puede permanecer atrapado en el fondo del océano durante miles, o incluso millones, de años.

Almacenamiento

Con el paso de millones de años, los organismos muertos, que contienen carbono, se transforman en combustibles fósiles como el carbón y el petróleo.

Selvas tropicales Los árboles absorben mucho CO_2 y ayudan a reducir el efecto invernadero en la atmósfera. Pero la tala masiva de árboles perjudica este proceso natural.

Rocas La mayor parte del carbono de la Tierra, unos 65 500 millones de toneladas, está almacenada en las rocas. Pero el viento, la lluvia y el hielo pueden fragmentarlas y devolver el CO_2 al océano o a la atmósfera.

Actualmente hay más dióxido de carbono en el aire que en los últimos 800 000 años.

También
Para saber más sobre el impacto humano en el ciclo del carbono, ver Cómo alteramos la vida en la Tierra (136-137).

Al quemar combustibles fósiles se libera una gran cantidad de CO2.

Los animales exhalan CO2 y comen plantas, que contienen carbono.

Emisión

Los organismos vivos liberan dióxido de carbono al respirar, como también lo hace quemar combustibles fósiles. Algunas rocas liberan dióxido de carbono, pero lo hacen muy lentamente.

Las plataformas petrolíferas perforan a mucha profundidad para extraer petróleo y gas natural.

Los combustibles fósiles se acumulan en estratos rocosos sepultados a mucha profundidad.

Calentamiento El dióxido de carbono que liberan los humanos al quemar combustibles fósiles está calentando el clima de la Tierra, fundiendo el hielo y destrozando los glaciares.

Energía verde A diferencia de los combustibles fósiles, otras fuentes de energía, como los paneles solares y los parques eólicos, no alteran el ciclo del carbono ni el clima. Se llama energía verde o renovable.

Vida *en la* Tierra

Los organismos vivos llevan habitando nuestro planeta al menos 3500 millones de años. La primera forma de vida no fue más que un microbio unicelular. Pero a partir de algo tan simple, y con el paso de incontables generaciones, el mundo se ha ido llenando de plantas y animales que han invadido los océanos y han formado bosques tintando el paisaje de verde.

Muchos animales del Cámbrico, como la marrella, tenían largas patas articuladas, parecidas a las del cangrejo.

Surge la vida

Mil millones de años después de formarse, la Tierra, con sus océanos y su superficie rocosa, seguía sin vida. Pero en algún lugar bajo las olas, surgieron unos organismos unicelulares, las bacterias, que fueron las primeras formas de vida del planeta.

El agua inundó la superficie de la Tierra, haciendo que se volviera casi toda azul.

Los primeros animales

En algún lugar del mar, los organismos vivos evolucionaron y pasaron a tener un cuerpo más grande compuesto de miles de millones de células. Fueron los primeros animales, pero no se parecían en nada a los actuales.

La explosión del Cámbrico

Durante el Cámbrico, se dieron las condiciones para el desarrollo de todo tipo de animales marinos. Muchos debían de ser parecidos a algunos actuales, como las medusas, los gusanos y las gambas.

La dickinsonia probablemente se arrastraba por el lecho marino.

Se forma la Tierra

Hubo un tiempo en el que alrededor del Sol había solo nubes de polvo y rocas. Luego estas se unieron y formaron los planetas del sistema solar, entre ellos la Tierra.

4540 Ma

4000 Ma

600 Ma

540 Ma

Ma = millones de años

¡Mandíbulas!

Los primeros vertebrados (animales con columna vertebral) fueron los peces sin mandíbula que aparecieron en el Cámbrico. Millones de años más tarde, algunos desarrollaron mandíbulas, y se convirtieron en feroces depredadores, como los primeros tiburones.

Insectos voladores

Algunos de los bichitos terrestres desarrollaron 6 patas y alas para volar; fueron los primeros insectos. Los insectos constituyeron el grupo de animales más grande y cientos de miles de especies ocuparon la vegetación creciente, que iba tiñendo de verde el paisaje.

Bosques

Al empezar a vivir juntas, las plantas crecieron más altas para conseguir más luz. Surgieron los primeros árboles y los bosques que formaron se convirtieron en importantes hábitats para los animales terrestres.

Los musgos de turbera siguen predominando todavía hoy en algunos hábitats húmedos y cenagosos.

El tiburón moteado desciende del tiburón prehistórico.

Los árboles de las selvas tropicales actuales son distintos a los de los bosques prehistóricos, pero en estas selvas siempre han vivido muchas especies.

Plantas terrestres

Las algas marinas y las algas verdes que crecían en aguas poco profundas evolucionaron y se convirtieron en las primeras plantas terrestres. Los musgos cubrieron trozos del suelo y aparecieron los primeros insectos.

Reptiles gigantes

Los reptiles prosperaron tanto que entre ellos surgieron algunos de los animales más increíbles que han existido. El enorme ictiosaurio surcaba los mares, acompañado por los dinosaurios gigantes que acechaban en tierra firme.

Anfibios

Los peces desarrollaron aletas para nadar mejor, pero algunos con aletas carnosas llegaron a tierra firme. Allí desarrollaron pulmones para respirar, y se convirtieron en los primeros anfibios, parientes lejanos de las salamandras y las ranas actuales.

Los ictiosaurios se parecían a los delfines actuales, pero eran reptiles, en vez de mamíferos.

Flores

Durante millones de años, las plantas terrestres se reprodujeron dejando que el viento esparciera sus esporas o produciendo piñas con semillas. Pero cuando aparecieron las primeras flores, el suelo se llenó de color y los insectos polinizadores prosperaron gracias a su néctar dulce.

Reptiles

Los anfibios conservaron la piel húmeda de sus antepasados y tenían que volver al agua para poner los huevos. Algunos evolucionaron para sobrevivir más tiempo en tierra: tenían la piel seca y escamosa y ponían huevos de cáscara dura. Fueron los primeros reptiles.

Como otros mamíferos primitivos, el Morganucodon debía de ser nocturno.

Mamíferos

En la era de los dinosaurios, descendientes peludos de pequeños reptiles empezaron a corretear por el suelo. Vivían en madrigueras, pero evolucionaron hasta convertirse en los primeros mamíferos. Con el tiempo, las madres dieron a luz a sus crías y las amamantaron con su leche.

375 Ma

Las tortugas gigantes terrestres aparecieron hace millones de años.

200 Ma

320 Ma

300 Ma

250 Ma

La pasiflora viene de las plantas que crecían en tiempos de los dinosaurios.

150
Ma

66
Ma

60
Ma

13
Ma

Tras el impacto, la Tierra se sumió muchos años en un invierno frío y oscuro.

Nuestros antepasados

Un grupo de mamíferos, los primates, evolucionó para vivir en los árboles; podían agarrar cosas con las manos y tenían un cerebro grande. Algunos aprendieron a caminar erguidos, los homínidos y, entre ellos, los humanos. En la prehistoria hubo muchas especies de homínidos, pero solo sobrevivió el *Homo sapiens*.

Pájaros

Un grupo de dinosaurios aprendió a andar sobre 2 patas y desarrolló plumas, quizá para exhibirse o quizá para mantenerse calientes. Pero sus brazos cubiertos de plumas servían también para otras cosas, Y surgieron las aves voladoras.

Extinción de los dinosaurios

Desde que surgió la vida, la Tierra se ha visto afectada por catástrofes, como el cambio climático o las erupciones volcánicas, que han acabado con grupos enteros. Pero la más grande ocurrió cuando un asteroide impactó contra la Tierra y acabó con los dinosaurios.

Algunos mamíferos, como el ornitorrinco, siguen poniendo huevos como sus ancestros reptiles

Los humanos actuales, *Homo sapiens*, existen desde hace menos de 500 000 años.

Los mamíferos toman el relevo

Entre los animales que sobrevivieron al impacto del asteroide había pequeños mamíferos peludos. Cuando la tierra y el clima se recuperaron, reemplazaron a los dinosaurios como pastoreadores herbívoros y depredadores carnívoros.

El archaeopteryx fue un ave prehistórica con plumas y pico, pero tenía dientes de reptil y garras en las alas.

En la Tierra se conocen unos **1,3 millones** *de especies, y hay muchas más por descubrir.*

Moho del fango Muchos tipos de moho del fango viven como células únicas, como las amebas. Pero algunos se juntan y forman organismos que parecen hongos y que se reproducen por esporas.

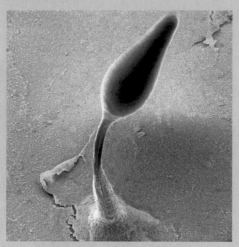

Bacterias Las bacterias, como las amebas, son unicelulares y se reproducen dividiéndose. Pero las células de las bacterias son más pequeñas y su ADN no está empaquetado dentro del núcleo.

Virus Los virus, más pequeños incluso que las bacterias, son poco más que cápsulas que contienen información genética, y solo pueden reproducirse en las células de los organismos vivos.

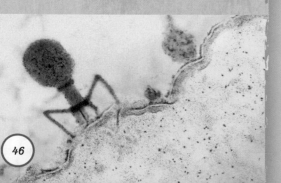

Amebas

Las amebas unicelulares son tan diminutas que todo su ciclo vital puede tener lugar en una gota de agua. Su única célula es como un punto de esta página. Pero como todas las células, contiene todo lo que necesita para reproducirse y producir más de su clase.

Cada ameba contiene un punto especial llamado núcleo, que controla lo que hace la célula.

Ameba voraz

La ameba es un depredador microscópico. Se alimenta de criaturas unicelulares más pequeñas, como las algas. Se traga a su presa extendiendo unos «dedos» gelatinosos transparentes, llamados citoplasma.

El citoplasma es una especie de gelatina metida en una membrana fina y aceitosa que rodea la parte externa de la ameba.

Copia exacta

El núcleo de la ameba contiene el ADN, con las instrucciones genéticas para mantener la ameba viva. Las amebas se reproducen dividiéndose en dos. El ADN del núcleo se copia a sí mismo.

División

Cuando la célula de la ameba se divide por la mitad, el núcleo se divide en dos núcleos, que son copias exactas del núcleo original.

Los «dedos» desaparecen mientras se divide.

También

Descubre más sobre el diente de león (60-61), que produce descendientes idénticos, como la ameba.

Gemelos

Ahora cada ameba nueva contiene una copia del ADN, lo que las convierte en gemelas idénticas. ¡También son idénticas a su progenitor! Ya están listas para crecer y salir a cazar presas.

Plantas y hongos

La vida de las plantas y los hongos está anclada al suelo. Las plantas crecen hacia arriba a fin de captar la energía del sol, mientras que los hongos se pegan al suelo para nutrirse con la materia muerta y en descomposición. Pero todos ellos tienen ciclos vitales que les llevan más allá de donde están arraigados, pues sus semillas y esporas se esparcen por todas partes y acaban germinando lejos.

Esporas *y* semillas

Pese a estar arraigadas al suelo, las plantas encuentran la forma de esparcir su descendencia. Los musgos y los helechos lo hacen dispersando sus esporas. Pero la mayoría de las plantas lo hacen dispersando sus semillas. Dentro de cada semilla hay una diminuta planta con su propia reserva de alimento. Así tiene más probabilidades de sobrevivir y germinar (desarrollarse) cuando llega al suelo húmedo.

Salir de una semilla

La mayoría de las plantas producen polen. Pero a diferencia de las esporas, el polen no se desarrolla por su cuenta, sino que se encarga de fertilizar los óvulos de las plantas. Cada óvulo fertilizado se convierte en el embrión de una planta dentro de una semilla.

Algunas plantas, como los pinos, producen el polen y los óvulos en las piñas.

Musgos y helechos

Las primeras plantas que hubo en tierra firme se reproducían por esporas. Cada espora es una célula diminuta que puede germinar y dar una nueva planta. Los musgos producen sus esporas en unas cápsulas unidas a un pedúnculo, y la mayoría de los helechos las producen en el dorso de sus hojas.

Las esporas de los musgos son liberadas desde unos pedúnculos altos, de modo que es más probable que sean arrastradas por el viento.

Los helechos producen vainas marrones diminutas. Cuando estas se secan y se abren, las esporas que hay dentro se dispersan por el aire.

La mayoría de las hojas de helecho nacen de unos brotes llamados cabezas de violín.

La mayoría de las piñas se ponen duras y leñosas al madurar, pero las del enebro se transforman en bayas dulces.

Muchas plantas que producen piñas tienen hojas de aguja, pero las del pino araucano son anchas y carnosas.

Plantas con flores

Las flores ayudan a las plantas a reproducirse. Muchas tienen colores llamativos, un sabroso néctar y perfumes agradables que atraen a los animales polinizadores, como las abejas. Tras ser fertilizadas, las semillas se desarrollan dentro del fruto.

Los vivos colores de la flor ave del paraíso atraen a los polinizadores que van en busca de néctar, como los suimangas.

El pino de Bristlecone crece muy despacio, pero es muy longevo. Un ejemplar, que se cree que tiene más de 4800 años, podría ser uno de los organismos vivos más viejos del planeta.

Los frutos maduros suelen estar repletos de jugo dulce, perfecto para atraer a animales que, al comerlos, ayudan a esparcir las semillas que contienen.

En primavera algunas plantas, como las magnolias, producen flores incluso antes de que les broten las hojas.

La mayoría de las plantas necesitan que su polen sea transportado hasta otras flores. Pero algunas, como esta perla antártica, pueden polinizarse a sí mismas.

Hay más de 250 000 especies de plantas con flores.

Girasoles

Cactus

Setas

Los hongos no son ni animales ni plantas. Están compuestos por una red de filamentos diminutos. Normalmente solo los vemos cuando producen setas, que son su cuerpo fructífero. No hay que tocar ni coger nunca una seta venenosa, como el matamoscas de vivos colores.

Los matamoscas crecen en solitario o en pequeños grupos en el suelo del bosque.

El rojo intenso del sombrero nos advierte que el matamoscas es muy venenoso.

Asentamiento

Cuando las esporas se asientan en un sitio nuevo, germinan (brotan) y producen unos finos filamentos llamados hifas. A medida que crecen, las hifas se ramifican y se despliegan, alimentándose de la humedad y los nutrientes del suelo.

También

Descubre más sobre las plantas que se reproducen mediante esporas (50-51).

Nube de esporas

Una matamoscas libera millones de esporas blancas, que se parecen un poco a las semillas. Las esporas son arrastradas por el viento y solo unas pocas acaban transformándose en un nuevo hongo.

Las ligeras esporas son arrastradas por el viento en todas direcciones.

Abedul

Los matamoscas suelen crecer cerca de los abedules. Las hifas envuelven sus raíces y proporcionan al árbol los nutrientes procedentes del suelo. A cambio, el hongo recibe los azúcares producidos en las hojas del árbol.

Dedos del diablo

Este hongo espeluznante está cubierto de una baba viscosa que huele a carne en descomposición. La baba contiene las esporas. Los escarabajos, moscas y babosas que se acercan atraídos por los vapores acaban cubiertos de baba y al alejarse se llevan pegadas las esporas.

Setas jóvenes

Las setas jóvenes están protegidas por una capa blanca llamada velo. A medida que el sombrero crece, el velo se va rompiendo. Las manchas blancas verrugosas del sombrero rojo son los restos del velo.

La seta joven desarrolla un sombrero, separado del suelo por un tallo.

La capa blanca se llama velo.

Las esporas caen de las láminas que hay bajo el sombrero.

Los pequeños nudos se convierten en setas.

Red de filamentos

Las hifas se dispersan por el suelo y se van entretejiendo formando el micelio, que es la parte principal del hongo. Se alimenta absorbiendo los nutrientes de animales y vegetales muertos presente en la tierra.

Nudos y cabezas de alfiler

Cuando llega el momento de reproducirse, las hifas de distintos hongos se anudan entre sí y forman grupos en el micelio. Los nudos se hacen más grandes y pueden verse sobre la superficie del suelo: parecen cabezas de alfiler y se convertirán en setas jóvenes.

Seta madura

Los científicos denominan a la seta completamente desarrollada cuerpo fructífero. Su sombrero y su pedúnculo están compuestos de hifas muy juntas entre sí. Bajo el sombrero están las láminas, cuya superficie está recubierta de esporas.

Pedo de lobo

El pedo de lobo tiene un sombrero en forma de bola, que es su cuerpo fructífero. Libera las esporas dentro de la bola. Cuando la lluvia o los animales golpean la seta, esta se parte y una nube de esporas salen disparadas.

Limpiadores de bosque

Los hongos son expertos en la eliminación de desechos. Al alimentarse, descomponen las plantas y los animales muertos. Sin hongos, los bosques acabarían cubiertos de restos de organismos muertos.

Secuoya gigante

La secuoya gigante es el organismo vivo más alto de la Tierra. Mide como un edificio de 26 pisos y es más ancha que la calle de una ciudad. Estos árboles increíbles, que crecen solo al oeste de California, en Estados Unidos, pueden vivir miles de años. Una vez muertos, siguen sustentando la vida.

Una nueva vida

La vida de la secuoya gigante se origina en sus piñas. El polen de las piñas masculinas es arrastrado por el viento y fertiliza los óvulos de las piñas femeninas, produciendo semillas.

Estallido

Las semillas se esparcen cuando las piñas se abren. Puede abrirse gracias a una ardilla hambrienta que se alimenta de piñas, pero más frecuentemente se debe a que las piñas se secan a causa del calor de algún incendio.

¿Joven o viejo?

¡Durante los primeros 250 años, el árbol sigue considerándose joven! En estos primeros años, le crecen ramas tanto cerca de la base del tronco como en la copa. Es de hoja perenne, así que tiene hojas durante todo el año.

Planta tierna

La semilla germina y se convierte en una planta joven llamada plantón. El árbol empieza a producir piñas a los 10 años y sigue produciéndolas hasta la vejez.

También
Lee más sobre las semillas y la polinización en el cocotero (56-57) y el roble (62-63).

20 años

100 años

200 años

Árbol adulto

El árbol alcanza su altura máxima a los 500-750 años de edad. Para entonces, también ha cambiado de forma. La copa esta colmada de ramas, pero las de la parte inferior han desaparecido. El árbol puede sobrevivir más de 2500 años.

Bajo amenaza Pese a su corteza, las secuoyas gigantes pueden ser destruidas por enfermedades o incendios, que se propagan por sus ramas. Las secuoyas gigantes tardan mucho en reproducirse y otros árboles que crecen más rápido pueden ocupar su lugar en el bosque.

Su corteza no arde fácilmente y es muy gruesa: hasta 1 m de grosor. Eso le ayuda a resistir cuando hay un incendio.

Vejez y muerte

Las tormentas intensas pueden derribarlas y causarles la muerte. También pueden morir a causa de la falta de agua provocada por una sequía. Una vez muerto, el árbol se desintegra y pasa a formar parte del suelo del bosque.

Vida animal Algunos animales, entre ellos los pájaros, los búhos y los murciélagos, visitan la secuoya caída y se alimentan de su corteza y sus raíces. Este picamaderos norteamericano picotea la corteza del árbol en busca de insectos.

Su tronco puede medir 9 m de ancho.

Su enorme sistema radicular no es muy profundo, pero es lo suficientemente ancho como para que la secuoya se mantenga estable.

Sobre la madera muerta crecen musgos y hongos.

2500 años

Tiene flores amarillas todo el año.

Fruto joven

Los cocos empiezan siendo un fruto verde y tardan más o menos un año en madurar en el árbol. Al final, el tallo se rompe y el pesado fruto cae al suelo. La semilla del coco está oculta dentro del fruto. Algunas germinan al caer, mientras que otras son arrastradas por las olas.

Floración

El árbol produce flores más o menos a los 7 años. Los insectos se alimentan de su néctar dulce y polinizan las flores, que luego se convierten en frutos.

Crecimiento

A los 20 años, el cocotero alcanza la madurez y mide 30 m de alto. Unas 40 hojas que parecen plumas, llamadas frondas, crecen formando una «corona» a partir de una única yema en la parte superior del tronco.

Cocotero

Las semillas del cocotero están en los cocos. Sus semillas no las esparcen el viento ni los animales llevándolas a sus espaldas, sino el mar. Los cocos suelen ir a parar al agua y las corrientes del océano las arrastran hasta playas lejanas.

Drupa dura

El coco se llama drupa. Bajo su piel lisa hay una gruesa cáscara marrón compuesta por fibras. La cáscara contiene una única semilla.

La drupa flota gracias al aire atrapado en la cáscara. Unas capas protectoras impiden que el agua de mar la estropee.

Cuando la drupa se abre, la semilla echa raíces y brotes.

La mayor parte de sus raíces son poco profundas; solo unas cuantas son más profundas. Durante toda su vida le crecen raíces nuevas. Un ejemplar adulto puede tener hasta 7000.

Raíces y brotes

La carne blanca y el agua que hay dentro del coco proporcionan alimento y humedad a la semilla germinal. Un único brote crece hacia arriba, mientras que las raíces arraigan en el suelo.

También

Descubre más sobre el diente de león (60-61), cuyas semillas esparce el viento, y la orquídea (58-59) y el roble (62-63), cuyas semillas esparcen los animales.

Aceite de palma

El fruto de otro tipo de palmera (la palma aceitera) produce un aceite que se utiliza para preparar muchas cosas, desde chocolate hasta pasta de dientes. Pero hay un problema: se talan bosques para plantar más palmeras aceiteras, y animales como los orangutanes se quedan sin hogar.

Drupa

Los frutos del melocotonero y el mango también se llaman drupas. Estos frutos tienen una capa carnosa que rodea una cáscara dura y leñosa o hueso, que contiene la semilla. Los cocos tienen una cáscara dura, en lugar de una capa carnosa.

Orquídea

Muchas flores usan su néctar dulce para atraer a los polinizadores. Las orquídeas cubo son distintas. Las polinizan solo abejas euglosinas macho (o abejas de las orquídeas). Las orquídeas las atraen con un perfume único. A cambio de polinizarlas, las abejas se impregnan de un perfume que les ayuda a encontrar pareja.

En la copa de los árboles

La orquídea cubo crece en los nidos que las hormigas hacen en las ramas de los árboles. Las hormigas se alimentan del néctar dulce de las orquídeas, y las raíces de la planta absorben nutrientes del nido. Al poco, la orquídea produce una flor muy peculiar.

El perfume se produce bajo el capuchón de la flor.

Los gránulos de polen se pegan a la espalda de la abeja, fuera de su alcance.

Recogida de perfume

El perfume de la orquídea cubo atrae solo a las abejas euglosinas. La abeja llega, recoge el perfume y lo almacena en unas bolsas especiales que tiene en la parte trasera de las patas.

La abeja macho reconoce el perfume único de la orquídea cubo.

También

Descubre que la raflesia usa su hedor, en vez de un perfume dulzón, para atraer a las moscas (66-67).

Amerizaje

La superficie de la flor es resbaladiza y la abeja cae en un cubo lleno de una sustancia viscosa en la base de la flor. Por suerte hay una vía de escape: un tubo lo bastante ancho como para que la abeja pase.

Atrapada

Cuando la abeja trata de escapar, el tubo se estrecha y la atrapa. Entonces, dos gránulos de polen se pegan a la abeja con una especie de pegamento.

Reparto del polen

Esta vez, unos ganchos especiales le arrancan el polen mientras la abeja escapa por el tubo. El polen fertiliza la segunda flor, de modo que puede producir semillas.

La abeja usa el perfume de las orquídeas para atraer a la hembra. Si huele lo suficientemente bien, ella se apareará con él.

Visita a otra flor

Cuando el pegamento se seca, el tubo se ensancha y la abeja escapa con el polen. Ansiosa por lograr más perfume, entra en otra orquídea cubo.

Cada cápsula puede llegar a contener unas 600 000 semillas.

Dispersión de la semilla

La flor fertilizada produce una cápsula con la semilla. Las hormigas recogen las semillas, que germinan en los nidos que tienen en los árboles. Las hormigas protegen las orquídeas evitando que sean atacadas por otros insectos.

Nenúfar Los pétalos de la Victoria amazónica se cierran alrededor de los escarabajos que acuden atraídos por la fragancia de la flor. Cuando los libera al día siguiente, salen volando llevando el polen a otras victorias amazónicas.

Orquídea abejera de espejo Estas orquídeas se parecen y huelen como las hembras de una especie concreta de avispa. Cuando las avispas macho tratan de aparearse con la flor, recogen el polen y lo transfieren a la siguiente orquídea que visitan.

Orquídea de Darwin La polilla esfinge de Morgan es el único insecto capaz de polinizar la orquídea de Darwin. Ninguna otra polilla tiene un probóscide lo bastante largo como para alcanzar el néctar de la flor y degustarlo.

Los insectos llegan en busca de polen y néctar, pero la planta no los necesita para producir semillas.

Floración

En el extremo del largo tallo aparece la cabezuela. Cada cabezuela es en realidad un conjunto de muchas florecillas llamadas flores liguladas. Cada flor ligulada forma una semilla.

Diente de león

A diferencia de otras muchas flores, el diente de león produce semillas sin ser polinizado. Eso se conoce como reproducción asexual. Pero los insectos lo visitan igualmente para recoger polen y néctar. Esta relación, en que un miembro obtiene un beneficio y el otro ni se beneficia ni sale perjudicado, se llama comensalismo.

Crecimiento primaveral

En primavera, le brotan hojas de la raíz principal, que ha sobrevivido bajo tierra durante el invierno. La raíz se adentra en la tierra para conseguir agua y nutrientes con los que alimentar a la planta.

Ratón casero Los humanos y los ratones también tienen una relación comensal: un miembro se beneficia y el otro no. Los ratones encuentran refugio y comida en nuestras casas. Aparte de sus excrementos y de lo que roen, no molestan mucho, aunque pueden transmitir enfermedades.

Cada semilla está unida por un tallo a un «paracaídas» que le ayuda a volar por el aire.

Cabezuelas de semillas

Una vez terminada la floración, desarrolla una cabezuela blanca y esponjosa repleta de semillas. Basta una ligera brisa para que las semillas salgan volando por los aires.

Dispersión de semillas

La mayoría de las semillas caen cerca de la planta de la que proceden, la planta madre. Otras son arrastradas lejos por el viento. Las semillas de flores no polinizadas producen plantas nuevas. Son copias, o clones, de la planta madre.

El delicado paracaídas es en realidad un penacho formado por unos 100 pelos que parecen filamentos.

También

Descubre más sobre las plantas con flores que deben ser polinizadas para producir semillas: orquídeas (58-59) y robles (62-63).

Rémora Este pez tiene una ventosa en la cabeza con la que se adhiere a criaturas marinas más grandes, como los tiburones. Gracias al tiburón, la rémora consigue protección y restos de comida.

Pseudoscorpion Estas criaturas son parientes de los escorpiones. Disfrutan de un paseo aferrándose a insectos voladores. Eso no perjudica al insecto, y el pseudoscorpion puede viajar mucho más lejos de lo que podría por sí solo.

También

Descubre más sobre los árboles perennes, como la secuoya gigante (54-55) y el cocotero (56-57).

La parte superior del árbol está ahora repleta de insectos estivales.

Las flores masculinas del roble, que producen el polen, cuelgan de unos flecos alargados llamados amentos. Las femeninas, que son más difíciles de ver, crecen en pequeños grupos.

La flor femenina es fertilizada por el polen arrastrado por el viento y forma una bellota, que está protegida por una cúpula leñosa.

Primavera

En invierno, el roble descansa y guarda energía para la primavera. Cuando el día se alarga y llega el calor, los brotes empiezan a echar hojas nuevas y el árbol florece. Los robles tienen tanto flores masculinas como femeninas.

Verano

Durante los días largos y cálidos, las hojas usan la luz del sol para fabricar alimento para el árbol, en un proceso de fotosíntesis. Las bellotas formadas por las flores maduran a finales de verano. Son un tipo de fruto seco con cáscara dura.

Dispersión de las semillas Los animales se comen la mayoría de las bellotas antes de que germinen, pero gracias a ellos también nacen nuevos robles en otros lugares. Las ardillas almacenan bellotas para pasar el invierno, pero a veces olvidan dónde las han enterrado. A los pájaros se les puede caer alguna mientras vuelan, y de esas bellotas nacen nuevos robles, lejos del roble original.

Roble

Los robles son mucho más que árboles. Son el hogar de más de 350 especies de insectos y de muchos otros animales. Los robles y otros árboles de hoja caduca cambian con las estaciones. Las semillas del roble se encuentran en unos frutos llamados bellotas. Un roble puede producir unas 90 000 bellotas al año.

Cuando las bellotas están maduras, caen al suelo. Cada bellota contiene una semilla, que se puede convertir en un nuevo árbol.

Otoño

Los vientos otoñales hacen que las bellotas se desprendan del árbol. A medida que los días se acortan y aumenta el frío, el árbol se prepara para el invierno. Las hojas se tiñen de amarillo, naranja y rojo, y luego caen.

Invierno

Los días invernales son cortos y fríos. El roble parece muerto, con sus ramas desnudas y sin hojas, pero sigue estando vivo. Está inactivo, que es como si hibernara.

Hongos A veces los robles viejos son invadidos por los hongos, que hacen que se marchiten. El tronco debilitado puede acabar rompiéndose a causa del peso de las ramas o por la fuerza del viento.

Caducifolio Al igual que el roble, este cerezo es de hoja caduca: pierde las hojas en otoño y le crecen hojas nuevas en primavera, junto con unas flores rosadas. Los árboles que conservan las hojas todos el año, como el pino, se llaman perennes.

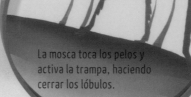

La mosca toca los pelos y activa la trampa, haciendo cerrar los lóbulos.

Captura del alimento

Sobre la superficie de la trampa hay unos pelos sensibles al tacto. Si la mosca toca dos veces los pelos en menos de 20 segundos, la trampa se cierra instantáneamente. La planta se come las partes blandas de la mosca y absorbe los nutrientes. Cuando la trampa vuelve a abrirse, los restos son arrastrados por el viento o la lluvia.

Una mosca atraída por el néctar se posa en la trampa.

Los pelos impiden que la mosca pueda escapar de la trampa.

La trampa consiste en unos lóbulos articulados en el extremo de la hoja.

La trampa tiene unas glándulas con jugos que transforman la mosca en líquido, para digerirla.

Desarrollo de la planta

La semilla brota, o germina, en el suelo cenagoso. La planta crece lentamente, produciendo varias hojas largas. En el extremo de cada hoja hay una trampa: un par de lóbulos articulados con unos pelos rígidos. Los lóbulos producen néctar dulce para atraer a los insectos, como esta mosca.

La venus atrapamoscas puede vivir más de 20 años en estado salvaje.

También

Lee más sobre plantas que tienen una relación amistosa con los insectos: la orquídea (58-59) y la flor cadáver (66-67).

Semillas

Las flores polinizadas producen unas cápsulas redondas y negras con semillas. Estas maduran a las 4-6 semanas de ser polinizadas. También se reproduce a través de tallos subterráneos o rizomas, que se separan y se convierten en una planta nueva.

Floración

La planta puede tardar entre 3 y 4 años en florecer. Las flores crecen en largos tallos por encima de las trampas, para evitar que los insectos polinizadores que acuden atraídos por la fragancia de las flores acaben accidentalmente atrapados.

Las flores son polinizadas por abejas del sudor, escarabajos ajedrezados y escarabajos longicornios.

Planta sensitiva

La mimosa, o planta sensitiva, es otro tipo de planta que reacciona rápidamente. Si la tocan, se le caen las hojas. Eso hace que la planta parezca enferma y que los animales decidan buscar comida en otro sitio.

Venus atrapamoscas

Esta increíble planta es carnívora, lo que significa que atrapa y «come» insectos y arañas que cometen el error de posarse en sus trampas. Gracias a sus presas, obtiene los nutrientes que necesita y que el suelo pobre y cenagoso en el que crece no le proporciona.

Planta insectívora

Esta planta tiene una trampa en forma de jarra. Los insectos tentados por el néctar se posan en el borde, resbalan en su superficie cerosa y caen dentro. Se ahogan en el líquido del fondo y la planta se los come.

Higuera estranguladora
A diferencia de la flor cadáver, esta higuera mata a la planta huésped. La semilla germina en la grieta de alguna rama alta. Luego le salen raíces que crecen hacia el suelo, estrangulando al árbol huésped, que se marchita y muere.

Avispa caza tarántulas
Esta avispa paraliza a la araña con su aguijón y luego pone un huevo en su abdomen. La larva escarba en la araña y se alimenta de ella, evitando los órganos vitales para mantenerla con vida durante el máximo tiempo posible.

Crecimiento del capullo
Los filamentos se extienden por la trepadora durante unos 18 meses. Cuando llega la floración, un pequeño capullo asoma a través del tallo leñoso de la trepadora. El capullo puede tardar hasta 9 meses en desarrollarse, tiempo durante el que parece una col grande.

Flor cadáver

La flor cadáver es la flor más grande del mundo. La olerás antes de verla. ¡Apesta a carne en descomposición! Se esconde entre las trepadoras de los bosques como una parásita. Solo se deja ver cuando florece.

Vivir a costa de otros
La semilla de la flor cadáver se aloja en las raíces o el tallo de una trepadora. Germina y desarrolla unos filamentos diminutos para absorber agua y nutrientes. La trepadora puede debilitarse, pero no se muere.

Hojas de trepadora huésped

Flor grande

Esta enorme flor desprende
su fragancia fétida, como
de carne en descomposición.
La polinizan los moscardones
de la carne, que se alimentan
de carne podrida. El olor
les lleva a visitar la
flor engañados.

La flor puede medir más de 1 m de ancho.

Fruto carnoso

A los pocos días, la enorme
flor se marchita y cae, dejando
una viscosa masa negra. El fruto
producido por la flor tiene una
piel leñosa y una carne lisa
de color crema que contiene
miles de semillas diminutas.

Dispersión de las semillas

Las musarañas arborícolas y
otros animales se comen el fruto,
retirando la carne con sus zarpas.
Dispersan las semillas por el
bosque con sus heces, o a través
del pelo y las zarpas.

También

Muchas plantas son
polinizadas por insectos.
Lee sobre el cocotero
(56-57) y la venus
atrapamoscas (64-65).

Animales

El ciclo vital de los animales puede ser tan variado como los animales mismos. Algunos se fecundan entre sí dispersando sus espermatozoides y sus óvulos en el mar y dejando que el azar haga el resto. Otros se aparean para fecundarse. Y la gran mayoría de los animales cuidan de sus crías para que empiecen su vida en las mejores condiciones posibles.

Pulpo

Los pulpos son criaturas sesudas: son uno de los animales más inteligentes. El pulpo gigante puede aprender a abrir un tarro o encontrar el camino en un laberinto que conduce a la comida. Pero no son demasiado sociables. Machos y hembras viven solos y cazan distintas criaturas marinas, entre ellas pulpos más pequeños.

Atracción química

La hembra libera una sustancia para atraer al macho. Cuando este nada hacia ella, el color de su piel se oscurece. El macho usa uno de sus ocho tentáculos para aparearse. Pasado un mes, el macho muere.

Racimos de huevos

Tras el apareamiento, la hembra pone hasta 100 000 huevos, que cuelga en su cueva como si fueran collares de perlas. Los protege hasta que, 7 meses más tarde, eclosionan. Luego se muere.

Desarrollo

Los pulpos jóvenes siguen creciendo hasta que se aparean, entre los 3 y los 5 años. Una hembra de pulpo gigante adulta es tan fuerte que puede mover hasta 320 kg con sus ocho tentáculos. Es lo que pesa un cerdo pequeño.

Los pulpos se alimentan de cangrejos y otras criaturas marinas.

También

Explora otras formas de vida en el mundo acuático del coral (72-73).

Eclosión

Cuando los huevos eclosionan, las crías de pulpo suben a la superficie. Una vez allí, pasan a formar parte del plancton (diminutos organismos vivos que flotan en el agua). Viven allí unos meses y luego se sumergen hasta el fondo del mar.

Pulpo mimo Es la única criatura marina que puede copiar, o imitar, distintos tipos de animales, entre ellos la venenosa serpiente de mar. Lo hace cambiando de color, forma y textura.

Pulpo de coco Este animal, también llamado pulpo veteado, anda sobre 2 patas. Con las otras seis transporta la cáscara de un coco o el caparazón de una almeja, que usa como casa móvil.

Argonauta En vez de poner sus huevos en una madriguera o cueva, esta hembra segrega, o produce, una delicada concha para protegerlos y se instala a vivir en ella.

71

Abundancia de óvulos

Una noche al año, justo
después de la luna llena,
los corales liberan de golpe
miles de millones de óvulos
y espermatozoides. Así que
es muy probable que muchos
óvulos acaben fertilizados.

Larvas a la deriva

Cada óvulo fertilizado se convierte en
una diminuta larva cuya forma recuerda
la de una chancleta; solo pueden verse
con un microscopio.

Coral

Algunos ciclos vitales son importantes
para el hábitat entero. Los corales crecen
como plantas submarinas, pero en realidad
son colonias de animales. Construyen un
arrecife de coral: un hogar lleno de color
para un sinfín de organismos vivos.

También

Lee sobre otros animales que
viven en los arrecifes de coral:
el pulpo (70-71), el caballito
de mar (92-93) y la tortuga
marina (102-103).

Asentamiento

Los peces y otros animales se comen la mayoría de las larvas, pero unas pocas sobreviven y se asientan en el fondo rocoso. Aquí se transforman en unas criaturas con tentáculos que parecen flores, llamadas pólipos.

Formación de la comunidad

A los pólipos les crece una fina capa de piel alrededor de la base, de la que salen más pólipos, para formar una colonia. Debajo, el coral forma una estructura compuesta por una dura sustancia calcárea, que crece y forma un arrecife.

Los pólipos coralinos atrapan animales diminutos con sus tentáculos urticantes. Muchos pólipos contienen algas que fabrican alimento usando la energía del Sol, como hacen las plantas.

La vida entre corales

Los arrecifes de coral proporcionan alimento y refugio a muchos animales, como cangrejos, anémonas y peces. Corales como el cuerno de ciervo desarrollan ramas que crecen hacia arriba, y otros se convierten en grandes montículos rocosos.

Amigos marinos

La anémona de mar protege con sus tentáculos urticantes al pez payaso de peces más grandes. El pez payaso está recubierto de una mucosa que impide que le escuezan. Él, por su parte, proporciona a la anémona restos de comida.

Pez ángel emperador

Algunos peces cambian de aspecto al crecer. La cría del pez ángel emperador presenta un dibujo completamente distinto al del adulto, hasta el punto de que parecen distintos tipos de pez.

Granjas de corales

Muchos arrecifes han sido dañados por la contaminación y el exceso de pesca. Algunos científicos ayudan a su recuperación cultivando corales en criaderos bajo el agua.

Gusano de arena A diferencia de las lombrices, esta especie tiene gusanos macho y gusanos hembra. Viven en la orilla y mueren tras el apareamiento.

Las lombrices gustan a todos los pájaros, como a este petirrojo europeo.

A la lombriz común se la llama rastreadora nocturna porque sale a la superficie por la noche en busca de hojas muertas para alimentarse.

Lombriz adulta

La cría tarda 3 meses en convertirse en adulta, con una dieta a base de vegetación y fruta. Si consigue escapar de los pájaros hambrientos, puede llegar a vivir unos 10 años.

Caracol de jardín Los caracoles hermafroditas se cortejan entre sí antes de aparearse. Se disparan el uno al otro unas agujas diminutas, que mejoran la transferencia del esperma.

Pez ángel El pez ángel marino tiene órganos sexuales masculinos o femeninos, pero no ambos a la vez. Nace hembra pero al crecer se vuelve macho, normalmente cuando uno viejo muere y otro se hace con su territorio.

Eclosión

El capullo, que es del tamaño de un grano de uva, desarrolla una envoltura endurecida. Contiene hasta 20 óvulos fertilizados, pero solo unos pocos se convertirán en lombrices. Eclosionan pasados entre 3 y 6 meses.

Las lombrices suelen salir a aparearse a la superficie.

Pegadas

Las lombrices tienen un grueso anillo alrededor del cuerpo: el clitelo. Produce una mucosidad pegajosa que les ayuda a pegarse a otra durante el apareamiento. Intercambian espermatozoides, que terminan fertilizando los óvulos de la otra.

Clitelo

Unos órganos situados entre el clitelo y la cabeza de la lombriz producen los óvulos y los espermatozoides.

Lombriz

Las lombrices pasan la mayor parte de su vida bajo tierra, por eso es fácil olvidarse de ellas. Pero su ciclo vital es muy interesante. A diferencia de la mayoría de los animales, las lombrices son hermafroditas, es decir, que cada una tiene órganos sexuales masculinos y femeninos para concebir sus crías.

Cuando el capullo recoge los espermatozoides y los óvulos, estos se mezclan para que se produzca la fertilización.

El esperma que recibe durante el apareamiento se almacena en unos saquitos dentro del cuerpo.

Formación del capullo

Tras aparearse, la lombriz usa el clitelo para formar un capullo. Este se desliza recogiendo los espermatozoides y los óvulos a su paso y luego sale por la parte anterior del animal.

También

Descubre más sobre las secuoyas (54-55), los dientes de león (60-61) y los robles (62-63), que tienen órganos sexuales masculinos y femeninos.

La envoltura endurecida del capullo protege a las crías de depredadores y parásitos.

Araña

Muchas arañas producen seda y tejen telarañas para atrapar a sus presas. La araña negra y amarilla del jardín teje una telaraña parecida a la rueda de una bicicleta para atrapar a insectos voladores, como moscas, saltamontes y avispas. Las hembras son las principales tejedoras y tejen una telaraña nueva cada día.

Buenas vibraciones

Cuando un macho corteja a una hembra, puntea los hilos de seda de su telaraña para hacer que vibren. Si a ella le gusta el resultado, se aparea con él. El macho muere durante el apareamiento y a veces la hembra se come su cuerpo.

Tejer la telaraña

La hembra construye el bastidor de la telaraña sujetando el hilo de seda en superficies como los tallos de las plantas. Luego coloca una espiral de seda seca para que los hilos no se muevan y finalmente añade otra espiral de seda pegajosa.

Los hilos de seda se extienden desde el centro hacia el exterior, como los radios de la rueda de una bicicleta.

Las araña produce la seda con unos órganos que tiene al final del abdomen: las hileras.

La araña se queda en el centro, esperando a que los insectos queden atrapados.

Una espiral de seda pegajosa atrapa a los insectos que aterrizan en la telaraña.

A veces el macho agita las patas y baila para impresionar a la hembra.

Los hilos en zigzag ayudan a los pájaros a ver la telaraña y así no chocar con ella.

Regalo envuelto

El macho de la araña vivero lleva comida envuelta en seda a la hembra con la que espera aparearse. El macho que llega con las manos vacías tiene más probabilidades de ser comido por la hembra.

Araña patas largas

La hembra ata los huevos con unos cuantos hilos de seda y los lleva de un lado a otro en la boca hasta que eclosionan. Durante ese tiempo no puede comer.

Araña mariquita En muchas especies de araña, el macho es más pequeño que la hembra, pero las arañas mariquitas además son de distinto color. El macho tiene el cuerpo rojo con manchas y la hembra es de color negro azabache.

Escorpión Los escorpiones recién eclosionados tienen un exoesqueleto blando, y son muy vulnerables. Van a la espalda de su madre hasta que su exoesqueleto se endurece. Entonces empiezan a ser independientes.

Envueltos en seda

La hembra pone sus huevos sobre una alfombrilla de seda y los cubre con más hilo. Luego coge toda esa seda y confecciona un saco para los huevos en forma de bola, que ata a una superficie cercana.

La hembra vigila los huevos todo el tiempo que puede. Muere cuando empieza a hacer frío.

También

Lee sobre la cobra real (104-105), que es una mamá venenosa que custodia sus huevos.

Crías diminutas

De los huevos del saco salen entre 300 y 1400 crías. En los climas fríos, las crías que eclosionan en otoño permanecen en el saco hasta la primavera, para evitar que mueran de frío.

Vuelo lejano

Algunas crías se quedan cerca, pero otras tejen un hilo de seda que la brisa arrastra hasta otros lugares, donde con suerte habrá menos competencia por la comida y el apareamiento. Eso se llama vuelo en globo.

Hormiga

Hay pocas familias tan grandes como una colonia de hormigas. Cientos de ellas comparten una única madre: la reina que pone los huevos. La mayoría de las hormigas viven en un nido, pero las hormigas arrieras de los bosques tropicales de América del Sur se desplazan de un lado a otro persiguiendo a sus presas.

Reina

La hormiga reina se hincha para poner decenas de miles de huevos por semana. Entonces las obreras se agolpan a su alrededor para protegerla.

Cuando un grupo se instala en un lugar, forma un campamento.

De huevo a larva

Los huevos se transforman en larvas parecidas a gusanos. Las hormigas obreras se encargan de vigilarlas y se inquietan a medida que crece el número de ellas.

De mudanza

Cuando las larvas maduran, toda la colonia se traslada a otro lugar. Las hormigas avanzan en columnas por senderos que marcan con su olor, y atacan a pequeños animales por el camino.

Las hormigas son prácticamente ciegas, así que se guían por el tacto y el olfato para desplazarse.

Las hormigas se lanzan en grupo sobre insectos y otras presas, los matan con sus aguijones y los guardan como carne para la colonia.

De larva a pupa

Las larvas se transforman en pupas. Es la fase en la que se convierten en adultas y cambian la forma de su cuerpo. Las larvas y las pupas no pueden andar, así que las hormigas adultas tienen que llevarlas a cuestas.

Esta obrera adulta lleva una pupa a cuestas.

Zángano

La reina produce también huevos no fecundados que se convierten en sus hijos, los zánganos. A diferencia del resto de las hormigas, los zánganos tienen alas, así que pueden volar hasta otras colonias y aparearse con otras reinas.

También

Conoce los hábitos reproductivos de otros insectos adultos, como las mariposas (80-81) y las libélulas (82-83).

Las pupas se transforman en distintos tipos de hormigas adultas: soldados hembra, obreras y zánganos macho. Cada tipo desempeña un trabajo.

Obrera

Otras adultas son obreras. Se encargan de matar pequeños animales para suministrar alimento a la colonia y de transportar las larvas o pupas cuando se trasladan. Al igual que las hormigas soldado, salen de huevos fertilizados.

Soldado

Las adultas con las mandíbulas más grandes son las hormigas soldado. Son hijas de la reina y salen de huevos fertilizados. Son las más agresivas y muerden si tienen que defender la colonia.

Avispa alfarera Otras avispas construyen el nido con barro, que luego se seca formando un recipiente duro, que parece una vasija de arcilla.

Avispa de papel Muchas avispas hacen nidos con fibras vegetales y madera masticadas y mezcladas con su saliva. Luego la mezcla se deja endurecer al sol.

Abeja A diferencia de las hormigas arrieras, las abejas viven en un nido fijo llamado colmena. Comen polen y néctar, en vez de carne.

Mariposa

La mariposa adulta que aletea no se parece en nada a la oruga que fue de joven. Se debe a que ha experimentado un cambio de vida drástico llamado metamorfosis. Al igual que otros insectos que sufren esta transformación, la mariposa monarca, que vemos aquí, pasa por cuatro etapas vitales: huevo, larva, pupa y adulto.

Oruga

Las orugas de la mariposa monarca mastican hojas de algodoncillo, la única planta que pueden comer. Para crecer, la oruga debe mudar de piel. La piel vieja se rompe y la oruga se escabulle fuera, vestida con otra nueva.

Al principio, las alas están arrugadas y húmedas.

Las orugas se cuelgan en forma de J de un hilo de seda.

Crisálida

Al cabo de unas 2 semanas, la oruga monarca ya ha crecido del todo. Muda la piel por quinta y última vez y luego se transforma en una crisálida. La crisálida es un tipo de pupa: una vaina en la que una larva reptante se convierte en un insecto volador.

Las diminutas orugas se arrastran sobre sus patas rechonchas.

Las orugas cortan las hojas con sus mandíbulas en forma de tijeras.

También
Conoce la metamorfosis en las hormigas (78-79) y las libélulas (82-83).

Eclosión de los huevos

Los huevos de la monarca eclosionan a los pocos días. Las larvas u orugas son tan pequeñas que apenas se ven. Se comen la cáscara del huevo y luego se alimentan de hojas de algodoncillo.

Mariposa

Pasados otros 8-14 días, la crisálida se rompe y de ella sale una mariposa. Una hora más tarde, ya puede volar. En lugar de masticar hojas como hacía cuando era una oruga, ahora sorbe néctar de las flores a través de un largo tubo llamado probóscide.

ego, las
as se abren
se secan.

Una mariposa monarca puede reproducirse entre 3 y 8 días tras salir de la crisálida.

*Las mariposas nonarca pueden **migrar** más de 5000 km, desde Canadá hasta México.*

Puesta de huevos

Las hembras empiezan a poner huevos justo después de aparearse. Los huevos, del tamaño de una cabeza de alfiler, los ponen individualmente y pegados a las hojas del algodoncillo. Una hembra monarca puede poner 300-500 huevos a lo largo de su vida.

Migración masiva En otoño, millones de mariposas monarca se desplazan hacia el sur desde Canadá y Estados Unidos para pasar el invierno en México. Allí, se acurrucan juntas en los árboles para mantenerse calientes. En primavera regresan al norte.

Gusano de seda Al igual que las mariposas, las polillas experimentan también una metamorfosis completa, pero muchas no forman una crisálida, sino que tejen un envoltorio de seda alrededor de la pupa llamado capullo. La seda puede usarse para tejer ropa.

Secado

La libélula espera a que sus patas y su cuerpo se endurezcan y sus alas se sequen al sol. Luego se lanza a por alimento, cazando mosquitos, moscas, abejas y mariposas, y empieza a buscar pareja.

Libélula

Las veloces libélulas, como la libélula verde que mostramos aquí, se desplazan como flechas por el aire cerca de lagos, charcas y arroyos. Las crías, llamadas ninfas, son como los adultos pero sin alas. Pasan de ninfa a adulto desprendiéndose de o mudando su exoesqueleto (su esqueleto externo). Este proceso se conoce como metamorfosis incompleta.

El adulto arrastra su nuevo cuerpo blando fuera y desenrosca con cuidado el abdomen.

Sale la libélula

La ninfa sale del agua para siempre, lista para su última muda. Se hincha en su exoesqueleto haciendo que se parta. De él sale la libélula, preparada para su vida adulta.

La ninfa sale del agua y se sube a rastras al tallo de alguna planta.

Gracias a sus potentes alas la libélula puede volar a 50 km/h.

Muda

La ninfa, en vez de piel elástica, tiene un revestimiento rígido: el exoesqueleto. La ninfa debe desprenderse, o mudar, de exoesqueleto periódicamente para crecer. El período entre muda y muda se llama estadio.

También

Compara este ciclo vital con el de la mantis religiosa (84-85), que también sufre una metamorfosis incompleta.

Las alas de la libélula adulta empiezan a desarrollarse, pero de momento siguen dobladas.

Apareamiento

Para aparearse, el macho agarra la cabeza de la hembra con unas abrazaderas que tiene al final del abdomen (la parte larga que parece una cola). La hembra enrolla el abdomen por debajo del macho para que este pueda fertilizar sus óvulos.

Las libélulas pueden aparearse suspendidas en el aire o incluso mientras vuelan.

Puesta de huevos

La libélula verde hembra mete sus huevos en pequeñas hendiduras que hace en los tallos de plantas acuáticas. El macho suele sostenerla mientras pone los huevos.

Eclosión

La larva que sale del huevo se llama ninfa. La ninfa, que respira a través de las branquias que tiene en el recto (trasero), vive bajo el agua durante meses o incluso años, dependiendo de la especie.

La ninfa es una cazadora voraz de pececillos, renacuajos y larvas de insecto.

Antepasados prehistóricos

Los fósiles muestran que evolucionaron hace 300 millones de años. Algunos de sus antepasados eran aterradoramente grandes, con una envergadura de 60 cm.

Mosquito

En su fase de larva los mosquitos viven bajo el agua como las libélulas. Pero a diferencia de las libélulas, ellos experimentan una metamorfosis completa: las larvas se convierten en pupas que flotan y luego en adultos con alas.

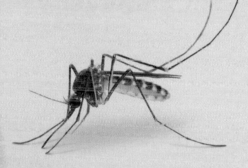

Efímeras

Las efímeras también pasan una fase larval en el agua. Una vez en el aire, a menudo no suelen vivir más de un día como adultas. Las adultas no comen. Pasan el breve tiempo de que disponen apareándose y mueren.

Lista para reproducirse

Cuando está lista para reproducirse, la mantis europea hembra libera en el aire unas sustancias químicas llamadas feromonas para atraer al macho.

Mantis religiosa

Las mantis son depredadores mortales: agarran la presa con sus patas cubiertas de pinchos y le clavan las mandíbulas. Muchas hembras, incluida esta mantis europea, se comen al macho tras aparearse. Los nutrientes del cuerpo del macho le ayudan a producir más huevos.

Despacio

El macho se acerca con cautela a la hembra y se pone detrás de ella, para que esta no pueda atacarlo.

Devorar a la pareja

Después de, o incluso durante, el apareamiento, la hembra a veces decide comerse al macho. Primero le arranca la cabeza de un mordisco y luego devora el resto de su cuerpo.

¡La sujeta con fuerza!

El macho salta sobre la espalda de la hembra. Tras acariciarla con las antenas para calmarla, se aparean.

Aspecto aterrador

Muchas especies de mantis, si se sienten amenazadas, se yerguen, extienden las patas delanteras y abren las alas para parecer más grandes y temibles. Esto les basta para alejar a algunos depredadores.

Nada de chicos

La mantis palo (*Brunneria borealis*) es una especie formada solo por hembras. Las crías son clones en miniatura (copias) de su madre. Esta forma de reproducción se llama partenogénesis.

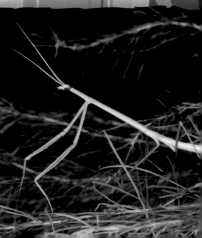

Puesta de huevos

Nutrida por el cuerpo del macho, la hembra embarazada está lista para poner los huevos. Pone 100-200 huevos en una masa de espuma que produce con unas glándulas situadas en su abdomen (parte trasera de su cuerpo).

Carcasa rígida

La espuma se endurece y forma una carcasa protectora alrededor de los huevos llamada ooteca, que suelen sujetar alrededor del tallo de una planta.

Eclosión

De la ooteca salen unas ninfas diminutas. Se cuelgan de un hilo, rompen el saco que las cubre y emprenden su propio camino.

También

Descubre más sobre las lombrices (74-75) y las arañas (76-77), cuyas crías salen de huevos con cáscara o capullos.

Fase adulta

Las ninfas mudan (cambian de piel) hasta ocho veces antes de ser adultas. La mantis europea puede vivir alrededor de 1 año en la naturaleza, siempre que escape de los depredadores.

Sacrificio supremo La hembra de la araña tejedora de encaje negro se sacrifica por sus crías. Estas se comen el cuerpo de su madre para obtener nutrientes esenciales, lo que las mantiene sanas.

Viuda negra La hembra de la viuda negra a veces se come al macho, mucho más pequeño, tras aparearse. El macho intenta escoger una hembra que ya haya comido. ¡Así es menos probable que sienta hambre y se lo coma!

Vida *en el* agua

El agua cubre casi tres cuartas partes de la superficie del planeta, y las primeras formas de vida evolucionaron en los océanos. Así que es normal que muchos organismos vivos hayan hecho del agua su hogar. Los animales que tienen agallas pasan toda su vida sumergidos, pero los que respiran aire deben salir a la superficie de vez en cuando para sobrevivir.

Agua dulce

Ríos

El agua dulce que cae en forma de lluvia sobre el suelo se recoge en los cauces y al final va a parar al mar. La vida florece en todas partes, tanto en los arroyos y las cascadas vertiginosas como en los anchos ríos pausados.

El manatí construye su casa en los ríos.

El escarabajo buceador puede sobrevivir en estanques pequeños.

Ciénagas y marismas

Algunos tipos de plantas pueden echar raíces en charcos de agua, mientras que otros flotan en la superficie, creando una densa vegetación. Estas ciénagas y marismas brindan un buen escondite tanto a las presas como a los depredadores.

Estanques y lagos

Algunos animales pueden sobrevivir en estanques o charcas, que pueden secarse en tiempos de sequía. Otras criaturas viven en lagos profundos, tan grandes que no se ve la orilla opuesta.

Los caimanes buscan peces y aves acuáticas en las orillas pantanosas del río Amazonas, en Sudamérica.

Arrecife de coral

Los pólipos son unos animales diminutos que crecen en colonias y forman unas estructuras rocosas llamadas arrecifes. Los arrecifes de coral crecen cerca de las costas cálidas y en ellos viven más animales que en cualquier otro hábitat oceánico.

Pantanos de manglares

Pocas plantas terrestres pueden sobrevivir en el agua salada de los mares, pero los manglares son una excepción. Crecen arraigados en el barro en las zonas costeras tropicales, y proporcionan un hábitat forestal a animales que viven entre el mar y la tierra.

Las focas usan los agujeros que hay en el hielo para respirar y sobrevivir.

Mares polares

En los polos de la Tierra, los rayos del Sol son demasiado débiles como para generar calor, por lo que los océanos están tan fríos que se forma hielo en la superficie. Aun así, los peces, las focas y las ballenas prosperan en la fértil agua que hay debajo, rica en criaturas marinas con las que alimentarse.

Enormes esponjas tubo brotan entre los corales del arrecife.

El fondo del mar

El fondo del mar es el hábitat más grande de la Tierra. En su mayor parte es frío y oscuro porque la luz del Sol no llega hasta allí, pero incluso en un lugar tan inhóspito la vida se abre camino.

El mar abierto

Las algas microscópicas flotan en la superficie del océano y constituyen un sabroso alimento para los peces, las ballenas y otras criaturas marinas. En aguas abiertas no hay donde esconderse, así que los animales tienen que mezclarse o ser rápidos para escapar y atrapar a sus presas.

Agua salada

Las orcas son grandes depredadores oceánicos. Cazan focas y otras presas en grupo.

El pez linterna vive en las profundidades y atraen a sus presas con su caña de pescar luminosa.

La costa

Algunos animales costeros prefieren las costas escarpadas y rocosas. Otros necesitan playas cubiertas de barro o arena. Pero todos ellos tienen que lidiar con el constante ir y venir de las mareas.

El agua que se cuela entre las rocas de la orilla forma pozas en las que viven animales como anémonas y cangrejos.

Ave acuática

Estrella de mar

Cangrejo

Uno al lado del otro

Los tiburones limón se aparean en aguas poco profundas. El macho nada junto a la hembra y agarra su aleta pectoral con la boca para mantenerla cerca de él y poder acoplarse.

Criaderos grupales

Tanto los machos como las hembras del tiburón limón hacen largas migraciones desde las aguas donde se alimentan hasta unas zonas especiales de cría. Se juntan un gran número de ellos.

Tiburón

Como la mayoría de los tiburones, la hembra del tiburón limón da a luz a sus crías, que pueden nadar desde el primer momento. Las crías, que se llaman cachorros, nacen cerca de zonas especiales de cría, como los bosques costeros de manglares, donde hay muchos refugios y comida, y por tanto tienen más probabilidades de sobrevivir.

Al criadero

Entre 10 y 12 meses después, llega el momento de dar a luz. La hembra nada hasta los manglares. Es el criadero donde sus cachorros pasan sus primeros años.

La cola primero

La hembra puede tener más de 10 cachorros por camada. Lo primero que sale del cuerpo de la madre es la cola del cachorro. Al salir sigue unido al cordón umbilical. En cuanto se aleja, este se rompe.

Huevos de tiburón

Algunos tiburones ponen huevos, que protegen con una funda correosa con zarcillos que atan a corales, algas o al lecho marino. La madre deja los huevos allí, para que eclosionen por su cuenta.

Tiburón toro

El primer cachorro en desarrollarse dentro de la madre se come a sus hermanos nonatos. Luego, el pequeño caníbal se come los huevos que quedan.

Joven explorador

A medida que crece, el joven tiburón empieza a explorar aguas más profundas, pero vuelve siempre al bosque de manglares. A los 7 u 8 años, el tiburón limón deja para siempre los manglares.

También

Lee sobre los delfines (116-117), unos mamíferos que respiran aire y que, como el tiburón limón, dan a luz a sus crías.

Con la panda

Los cachorros tienen que aprender a cazar para no pasar hambre. Se agrupan y salen a pasear con otros cachorros, aprendiendo técnicas de supervivencia los unos de los otros.

¡A cubierto!

El cachorro se interna en el manglar para esconderse de los depredadores entre los troncos y las raíces sumergidas.

Pez murciélago orbicular

Como los cachorros de tiburón limón, sus crías también buscan la seguridad de los manglares. Estos peces color óxido se hacen pasar por hojas muertas para librarse de los depredadores.

Pez saltamontes

El pez saltamontes, muy común en los manglares, pone los huevos en cuevas. La hembra se marcha tras ponerlos, pero el macho se queda para impedir que otros animales se cuelen y se los coman.

Las crías

Al cabo de unas semanas, los alevines ya nadan bien. Dejan el arroyo en el que han nacido y nadan hacia los lagos en busca de comida. Se alimentan básicamente de insectos y algo de plancton.

Cambio de color

A los 2 años, los jóvenes salmones, llamados esguines, han cambiado de color y ahora son plateados con la cola roja. Descienden nadando por el río hasta un estuario, donde se adaptan al agua salada, y luego salen al mar.

Eclosión

Los alevines son salmones recién nacidos. Miden solo 2,5 cm de largo y tienen un gran saco vitelino, del que se alimentan.

Huevos

La hembra construye un nido en la grava del fondo de un arroyo poco profundo y pone 50-200 huevos. El macho muere tras fertilizar los huevos y la hembra muere poco después. Los huevos están en el nido durante 32-42 días.

Nadar aguas arriba

Para procrear, o desovar, el salmón nada aguas arriba por el mismo río que descendió de joven. Salta rápidos y evita a los osos hambrientos. Los que sobreviven a la «carrera del salmón» quedan exhaustos.

Al mar

Al llegar al mar, el salmón madura convirtiéndose en adulto. Pasa unos 4 años en el mar, alimentándose de unos animales diminutos llamados zooplancton. El salmón rojo se encuentra a una profundidad de 15-33 m en el océano Pacífico.

Salmón

El salmón rojo experimenta muchos cambios a lo largo de su vida. Se desplaza de un hábitat a otro: del agua dulce al agua salada y de nuevo al agua dulce. Pasa de comer insectos a comer plancton. Y cambia de color: del color pálido, al verde claro, plateado, azul y finalmente rojo.

También

Descubre más sobre los pulpos (70-71), que también mueren tras reproducirse.

Agave americano Los salmones solo se reproducen una vez en la vida. Esto ocurre también en algunas plantas, como el agave americano, que florece una vez y luego muere.

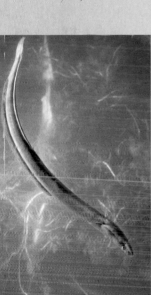

Anguila común El viaje o migración, que hace el salmón para desovar, del mar al río, se llama anádroma. La anguila común hace justo lo contrario: nada cesde el río hacia el mar. Esta migración se llama catádroma.

Oso pardo A estos temibles osos les encanta el salmón. Cuando los salmones nadan río arriba para desovar, los osos se acercan a los rápidos para pescarlos.

Caballito de mar

Es un pez muy peculiar. El caballito de mar moteado tiene armadura en vez de escamas. Mueve los ojos por separado, sus aletas son tan pequeñas que le cuesta nadar y usa la cola para agarrarse a objetos y a otros caballitos de mar. Lo más raro es que es el padre el que protege a los huevos en su bolsa, el que los alimenta e incluso el que da a luz.

Cortejo

Cuando una hembra está lista para aparearse, se acerca al macho y realiza un baile de cortejo, moviendo la cabeza hacia él. Entonces, el macho hincha su bolsa a modo de respuesta.

Durante el cortejo nadan sujetándose por la cola el uno al otro.

Después de transferir los huevos, la hembra está más delgada y el macho, más gordo.

Los caballitos de mar pueden pasarse horas, incluso días, bailando juntos.

Macho embarazado

La bolsa del macho se parece en parte al útero, o vientre, de la hembra de un mamífero. El macho produce nutrientes, que mantienen los huevos sanos.

Traslado de los huevos

El baile de cortejo acaba cuando la hembra transfiere los huevos al macho. La hembra inserta un tubo en la bolsa del macho y le pasa los huevos, que son fertilizados en la bolsa del macho.

Crecimiento

Los caballitos de mar no se preocupan por sus crías. Dejan que los diminutos alevines se espabilen solos. Muchos son comidos por otros animales. Los que sobreviven se convierten en adultos pasados 3 o 4 meses. Pueden vivir hasta los 5 años.

Los alevines miden solo 7 mm de largo.

Los caballitos de mar recién salidos pasan a formar parte del zooplancton del mar (animales diminutos que flotan en el agua).

*Los alevines suelen ser **expulsados de noche,** a menudo con **luna llena.***

Alumbramiento

Al cabo de unas semanas, los huevos eclosionan. Para sacarlos de la bolsa, el cuerpo del macho sufre contracciones durante varias horas. Puede llegar a echar 200 caballitos de mar en miniatura, que se denominan alevines.

También

Los machos de muchas especies están muy activos durante la crianza, entre ellos el de la rana flecha roja y azul (94-95).

Caballito barrigudo Se encuentra en Australia y es uno de los caballitos de mar más grandes que existen. Como indica su nombre, tiene lo que parece un vientre prominente.

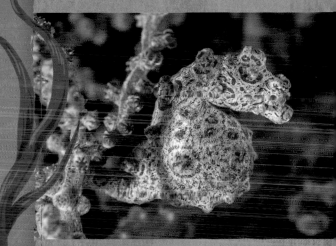

Caballito de mar pigmeo El caballito de mar pigmeo se camufla muy bien. Su color rosado se parece al del coral de su hábitat.

Bocón También es el macho el que alumbra crías vivas. Incuba los huevos en la boca durante 8-10 días y en cuanto eclosionan los expulsa.

Rana

En el caso de las ranas, muchos progenitores se muestran sorprendentemente activos. Dedican mucho tiempo a mantener los huevos húmedos, y los renacuajos, mojados. Como la mayoría de los anfibios, necesitan el agua para completar su ciclo vital. Eso puede ser todo un desafío incluso en los bosques tropicales de Centroamérica, el hogar de la rana flecha roja y azul.

Los vivos colores de la rana advierten a los depredadores de que su piel contiene sustancias químicas mortales.

Custodia de los huevos

El macho custodia los huevos. Los mantiene limpios y húmedos con la orina, hasta que eclosionan y salen los renacuajos.

Apareamiento

El macho atrae a la hembra con sus cantos y puede subirse a su espalda antes de expulsar el esperma sobre una hoja. Luego la hembra pone los huevos de modo que puedan ser fertilizados por el esperma.

Transporte de los renacuajos

La hembra regresa cuando los huevos empiezan a eclosionar. Se sienta sobre ellos y espera a que uno de los renacuajos se suba a su espalda. Luego, se desplaza hacia atrás y lo deja en un charquito de agua de la bromelia y espera a que el renacuajo se aleje nadando.

Le crecen las extremidades

Los renacuajos jóvenes tienen agallas y una cola larga para nadar. Se alimentan de los huevos sin fertilizar de la madre. A las pocas semanas les crecen las extremidades. Este proceso se llama metamorfosis.

Ranita

El renacuajo pierde las agallas y desarrolla pulmones para poder respirar aire. Ya es una rana joven y empieza a comer pequeños insectos. Permanece cerca de la charca hasta que pierde la cola.

Ajolote A diferencia de otros anfibios, esta enorme salamandra tiene agallas externas y cola de pez. No experimenta una metamorfosis completa y pasa toda su vida en el agua.

Las ranas pueden poner miles de huevos a la vez.

También
Lee sobre la metamorfosis de distintos insectos (78-85).

Vida adulta

La rana ya se ha desarrollado del todo. Vive entre capas de hojas, pasando inadvertida en el bosque tropical. Para encontrar alguna lo mejor es localizar los cantos del macho que custodia su territorio.

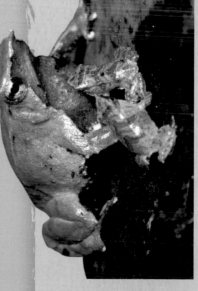

Sapo partero Este macho lleva una ristra de huevos en la espalda, con el hilo enrollado en los tobillos. Cuando están a punto de eclosionar, se mete en aguas poco profundas.

Rana de Darwin Justo antes de que los renacuajos eclosionen, el padre los mete en el saco de su garganta. Los tiene ahí hasta que eclosionan y las ranitas pueden salir saltando.

Dinosaurios *en el* tiempo

Los dinosaurios fueron un grupo de animales muy variado y exitoso. Dominaron la Tierra en el Mesozoico, hace entre 252 y 66 millones de años, y se extendieron por todos los continentes. Su tamaño podía variar mucho: había desde diminutos carnívoros bípedos hasta gigantes cuellilargos, que eclipsarían a cualquier animal terrestre actual.

Es posible que el estegosaurio usara sus placas para exhibirse.

Eoraptor

El período triásico

Este período se inició con un paisaje yermo a consecuencia de la extinción que acabó con el 90 % de la vida en la Tierra. Con tan poca competencia, los dinosaurios no tardaron en imponerse.

Primeros dinosaurios

El herrerasaurus y el eoraptor están entre los primeros dinosaurios que conocemos. Ambos se desplazaban sobre 2 patas y fueron descubiertos en Argentina. Más o menos en la misma época aparecieron los primeros mamíferos.

Extinción del Triásico

A finales del período triásico, una extinción masiva erradicó muchas especies, incluidos otros reptiles. En su lugar aparecieron nuevos dinosaurios.

Gigantes del Jurásico

Cuando los continentes se separaron, el clima se volvió más húmedo y surgieron exuberantes bosques tropicales. Los dinosaurios proliferaron y aparecieron especies grandes y poderosas, como el estegosaurio, el alosaurio y el braquiosaurio.

Dinosauromorfos

De entre las cenizas de la extinción, surgió un extraño grupo de reptiles. Los dinosauromorfos eran unos animales pequeños que podían desplazarse sobre 2 o 4 patas. Evolucionaron convirtiéndose en los primeros dinosaurios.

Más grandes

Aunque la mayoría eran pequeños, empezaron a surgir grandes dinosaurios como el plateosaurio, que medía unos 8 m de largo.

Plateosaurios

252 Ma

249 Ma

200 Ma

201 Ma

235 Ma

210 Ma

Ma = hace millones de años

Erupciones volcánicas

Durante 250 000 años, los volcanes gigantes de la India estuvieron en erupción, expulsando ceniza y lava. Pero esto por sí solo no bastó para provocar la extinción de los dinosaurios.

Dinosaurios modernos

Los pájaros actuales evolucionaron a partir de pequeños dinosaurios que sobrevivieron a la extinción masiva. Son los descendientes de carnívoros con plumas que se desplazaban sobre 2 patas y usaban sus extremidades anteriores a modo de alas para volar, hace más de 150 millones de años. ¡Así que los dinosaurios siguen con nosotros!

Ganadores y perdedores

Durante el período cretácico, a algunos grupos de dinosaurios les fue muy bien, como a los ceratopsianos, unos herbívoros con pico, y a los hadrosaurios, que tenían pico de pato. Otras especies disminuyeron, entre ellas los estegosaurios y los saurópodos de largo cuello.

¡Si echas un vistazo fuera, es posible que veas algún dinosaurio!

Extinción masiva

Un asteroide de 7 km de ancho chocó contra la Tierra cerca de Chicxulub, en México. Tras la devastación provocada por el impacto inicial, el polvo que se levantó hizo del planeta un lugar frío, oscuro e inhóspito. Los dinosaurios se extinguieron... ¿o no?

El triceratops fue uno de los últimos dinosaurios. Compartía territorio con el T. rex.

Dinosaurio

El oryctodromeus era un dinosaurio pequeño pero muy especial que vivió hace 95 millones de años en Norteamérica. Estos dinosaurios excavaban madrigueras en forma de S en las que podían esconderse de depredadores voraces y de las tormentas.

Salir fuera

El joven dinosaurio empezaba a salir de la madriguera para aprender qué plantas podía comer y para fortalecer los músculos que usaba para excavar. Permanecía con sus padres varios años.

Salir del huevo

El polluelo rompía el huevo con el «diente de huevo» de su pico. El diente servía específicamente para romper el huevo y luego se le caía. Las crías estaban escondidas, esperando a que sus padres les llevaran comida.

También

Descubre más sobre otras criaturas prehistóricas en Dinosaurios en el tiempo (96-97).

Puesta de huevos

El oryctodromeus ponía huevos, como todos los dinosaurios. Los guardaba a salvo bajo tierra en una madriguera. La entrada de la madriguera era estrecha y se abría luego a una cámara más grande en la que estaba el nido.

Excavar una madriguera

Cuando llegaba el momento de abandonar el nido, quizá el joven oryctodromeus había encontrado su propio territorio y se mudaba a alguna madriguera abandonada. O quizá excavaba su propia madriguera.

Apareamiento

Los machos probablemente se encargaban de arreglar las madrigueras. La hembra escogía un macho y se iba a vivir con él para poner los huevos. Juntos construían el nido.

Se han hallado **fósiles** *de* **oryctodromeus** *en las madrigueras donde* **vivieron.**

Frailecillo
Algunos parientes de los dinosaurios —las aves— siguen viviendo en guaridas y madrigueras. Las de los frailecillos se parecen mucho a las de los oryctodromeus.

Tortuga de la Florida
Estas tortugas ayudan a otros animales. Construyen grandes madrigueras que sirven de hogar a muchos animales distintos, como serpientes, lagartos y roedores.

A salvo del fuego
Las madrigueras suelen ser seguras durante un incendio forestal porque están bajo tierra. La madriguera retiene la humedad y en ella la temperatura se mantiene baja.

Crestas de colores

Cuando el joven pterosaurio alcanzaba la edad adulta, su cresta de vivos colores ya estaba totalmente desarrollada. Es probable que la usara para atraer a las hembras. Los adultos se desplazaban largas distancias en busca de agua y comida.

Nido y huevos

La hembra caiuajara regresaba todos los años al mismo sitio para anidar y poner los huevos. Los huevos tenían una cáscara blanda y eran demasiado delicados como para sentarse encima, así que es posible que la hembra los mantuviera calientes poniéndolos bajo una pila de vegetación o enterrándolos bajo la arena.

La vegetación al pudrirse produce calor y mantiene los huevos calientes.

Fósil Los fósiles de pterosaurio muestran que sus huesos eran huecos y de finas paredes, por lo que pesaban poco. Eso les permitía volar.

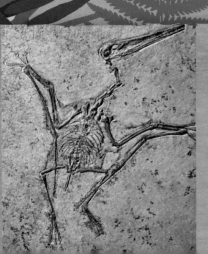

Oasis Los oasis se forman en el desierto cuando el agua sale a la superficie y crea una zona fértil para plantas y animales. Los fósiles encontrados confirman que los caiuajaras vivían cerca de ellos.

*Se cree que el caiuajara era **herbívoro**: solo comía plantas.*

Aprender a volar

Los polluelos maduraban rápido y aprendían a volar pronto. Para poner a prueba los músculos de sus alas, realizaban cortos vuelos sin alejarse de la colonia.

También

Descubre más sobre otras criaturas prehistóricas en Dinosaurios en el tiempo (96-97).

Polluelos vulnerables

Al principio las crías estaban indefensas y dependían de sus padres para alimentarse. El grupo proporcionaba seguridad a los polluelos.

Pterosaurio

En tiempos de los dinoaurios, unos reptiles voladores llamados pterosaurios dominaban el cielo. El caiuajara era un pterosaurio que vivió en Sudamérica hace unos 91 millones de años, durante un período llamado Cretácico superior.

Vivir en grupo Las aves coloniales actuales, como los flamencos, anidan y crían en grandes grupos. El descubrimiento de un lugar con muchos fósiles de caiuajaras, con huevos y adultos incluidos, sugiere que ellos vivían de un modo parecido.

Tortuga marina

La tortuga verde vive en zonas costeras y aguas oceánicas templadas. Pasa muchos años nadando en alta mar, hasta que llega el momento de reproducirse. Sube a la superficie para respirar y pone los huevos en tierra firme. Las hembras suelen regresar a la playa en la que nacieron a poner los huevos.

También

Lee sobre animales marinos como el tiburón limón (88-89) y el salmón rojo (90-91), que se desplazan a lugares concretos para reproducirse.

Hembra de tortuga verde regresando a tierra firme.

Vuelta a casa

A las dos semanas de haberse apareado, la hembra sale del agua, normalmente por la noche, y busca un lugar apropiado para excavar el nido.

La hembra pone huevos del tamaño de una pelota de pimpón en nidos que se llaman nidadas.

Las tortugas perciben la dirección de las olas, lo que les ayuda a orientarse en el agua.

Poner los huevos en la arena

Tras poner unos 200 huevos en el nido, la madre los cubre de arena y vuelve al agua. Lo hace varias veces. Los huevos son incubados varias semanas.

Romper el caparazón

La temperatura de la arena que rodea los huevos determina si las crías serán macho (más fría) o hembra (más caliente). La cría usa un diente especial para romper la cáscara del huevo.

Mares cálidos
Gracias a sus aletas, las tortugas marinas están perfectamente adaptadas a la vida oceánica. Esta tortuga verde disfruta en las aguas costeras, cálidas y poco profundas, del golfo de México.

Protección de las tortugas

Las tortugas marinas están en peligro de extinción, así que la supervivencia de cada cría es importante. Con los programas de protección las crías, como las de esta tortuga golfina, crecen en cautividad y luego son liberadas al mar.

Apareamiento en aguas poco profundas

Los adultos regresan a las aguas poco profundas, cerca de las playas donde anidan, para encontrar alimento y reproducirse. Los machos se pelean por las hembras. Las tortugas suelen tener varias parejas.

Los años perdidos

Una vez en el mar, las crías que han sobrevivido parecen desaparecer. Nadie sabe exactamente adónde van. Este período de tiempo se conoce como «los años perdidos». Las tortugas tardan un mínimo de 25 años en madurar y empezar a reproducirse.

Crías indefensas

Las crías de la tortuga marina son muy vulnerables ante los depredadores. Animales como los cangrejos terrestres, los cocodrilos, los perros y los tiburones se alimentan de sus huevos y sus crías.

Al agua patos

Usando las aletas a modo de palas, las crías, o tortuguitas, salen del nido. Por la noche, la Luna reflejada en el agua, les ayuda a encontrar el camino hasta el mar.

Las crías de tortuga son diminutas. Miden solo unos 5 cm de largo.

Tortuga de orejas rojas Como otras tortugas de agua dulce, la tortuga de orejas rojas tiene garras en los pies, y las extremidades y la cabeza, retráctiles. La tortuga marina en vez de garras tiene aletas, y su cuerpo es aerodinámico.

Cobra marina 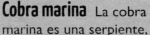 La cobra marina es una serpiente, que pasa la mayor parte de su vida en el mar, pero regresa a la zona de anidación en tierra firme para poner los huevos, como las tortugas.

Serpiente

La cobra real es la serpiente venenosa más larga del mundo. Puede llegar a más de 5 m de longitud y se alimenta principalmente de otras serpientes. Pero la cobra real tiene también un lado bondadoso: muchas serpientes abandonan sus huevos después de ponerlos, pero la cobra real hace un nido para ellos y los guarda hasta que eclosionan.

Lucha entre machos

En la época de apareamiento, los machos se pelean por las hembras. Levantan la cabeza y luchan, intentando derribar al rival. La serpiente derrotada se escabulle sigilosamente.

La cobra real despliega el capuchón para parecer más grande de lo que es y ahuyentar a los depredadores.

Vigilancia del nido

La madre yace enrollada sobre el nido, custodiando los huevos. Si se siente amenazada, abre el capuchón y sisea mientras levanta parte del cuerpo separándolo del suelo. ¡Puede ser tan alta como un humano adulto!

Eclosión de las crías

Justo antes de que los huevos eclosionen, la madre deja el nido, y abandona a las crías a su suerte. Pasados entre 4 y 6 años, las serpientes tendrán edad suficiente para reproducirse.

El veneno de las crías es tan mortal como el de los adultos.

Espasmos de pitón

La mayoría de las pitones se enrollan alrededor de los huevos para protegerlos. Las pitones que viven en hábitats más fríos, además, contraen espasmódicamente los músculos para producir calor y mantener los huevos calientes.

Acercamiento

Cuando el macho ganador encuentra una hembra que está interesada, la empuja suavemente y se coloca sobre ella. Entonces ella despliega su capuchón y se aparean.

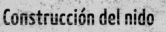

Los colmillos de mami

La hembra de la serpiente de cascabel da a luz crías vivas y permanece con sus vástagos más o menos una semana. Si un depredador se acerca demasiado, se arriesga a que le clave los colmillos llenos de veneno.

Construcción del nido

La hembra arrastra hojas caídas y las amontona. Pone 20-50 huevos en el centro del montón y luego los cubre con más hojas para mantenerlos calientes.

También

Descubre que la tortuga marina (102-103) también entierra los huevos, pero no los custodia.

Cocodrilo porteador

La hembra del cocodrilo del Nilo colabora en la eclosión de los huevos rasgándolos suavemente con los dientes. Para mantener a salvo a los recién nacidos, los llevan hasta el agua en la boca.

Un toque de color

En primavera, cuando empieza a hacer más calor, la lagartija vivípara sale de la hibernación. El macho muda, se desprende de la piel vieja y luce los colores vivos de la nueva piel durante el apareamiento.

Lagarto

La mayoría de los reptiles ponen huevos, pero unos pocos lagartos y algunas serpientes dan a luz a crías completamente formadas. La lagartija vivípara es un caso insólito, ya que puede hacer ambas cosas. Esta lagartija engendra crías vivas cuando hace demasiado frío como para que los huevos puedan sobrevivir. En climas más templados, a veces pone huevos.

Mordiscos de amor

Durante el cortejo, el macho lagarto agarra a la hembra con la mandíbula. Si la hembra lo acepta, se aparean. Pero si ella no está interesada, le muerde de forma agresiva y él se aparta.

Portadora de crías

La hembra ajusta la temperatura de su cuerpo para que las crías puedan desarrollarse dentro de ella. Se tumba al sol para calentarse y se refugia en la sombra para enfriarse.

Cocodrilo de agua salada Los huevos de reptil más grandes los pone el cocodrilo de agua salada, que es el reptil vivo más grande. El sexo de las crías depende de la temperatura del nido durante la incubación de los huevos.

Boa de goma Parir crías vivas es más habitual en las serpientes que en los lagartos. Una quinta parte de las especies de serpiente paren en vez de poner huevos. Entre ellas, la boa de goma, que puede llegar a tener hasta 8 crías de golpe.

Crías vivas

En verano, unos 2 meses después del apareamiento, la hembra pare 3-11 crías. En climas más templados, las hembras pueden poner huevos, en vez de tener crías vivas.

Las crías nacen dentro de una fina membrana que se rompe durante el parto o poco después.

Allá van

Los lagartos recién nacidos son capaces de defenderse solos. Enseguida empiezan a vivir por su cuenta. Los machos a los 2 años y las hembras a los 3 ya son suficientemente maduros como para reproducirse.

Hibernación

En regiones más frías, la lagartija vivípara hiberna en otoño, bajo tierra o en un lugar resguardado como una pila de troncos. En climas más templados, se mantienen activas todo el año.

También

Descubre otro animal de sangre fría que también da a luz a crías vivas: el tiburón limón (88-89).

Trioceros de Jackson

Un camaleón es un tipo de lagarto. La mayoría de ellos ponen huevos, pero el trioceros de Jackson es una de las pocas excepciones. La hembra puede llegar a tener 35 crías 5-6 meses después del apareamiento.

Pingüino

Los pingüinos son una de las aves más curiosas. Para empezar, no saben volar. He aquí el extraordinario ciclo vital del pingüino emperador en la gélida Antártida.

Desde el mar

Para aparearse, los pingüinos emperador se desplazan unos 90 km tierra adentro desde el mar, hasta que llegan a la gélida colonia de cría.

Los pingüinos inclinan la cabeza durante el cortejo.

El macho coloca el huevo a sus pies y lo cubre con un pliegue cutáneo llamado bolsa ventral.

Apareamiento

Los pingüinos se cortejan y aparean entre marzo y abril. La temperatura es de -40 °C.

Incubación

Entre junio y julio, la madre le da el huevo al padre para que lo cuide mientras ella vuelve al mar a alimentarse. El macho mantiene el huevo caliente, un proceso llamado incubación.

Puesta de huevos

Los pingüinos emperador ponen los huevos entre mayo y junio. Cada hembra pone un solo huevo.

El huevo pesa unos 450 g.

Regreso al mar

Entre enero y febrero, el joven pingüino ya está listo para ir al mar por primera vez. A los 3 años más o menos puede aparearse y el ciclo de la vida empieza de nuevo.

Los progenitores se turnan para ir al mar a alimentarse, y luego regresan para alimentar a sus polluelos.

También
Para descubrir más sobre la vida en entornos extremos puedes leer sobre el oso polar (124-125).

Muda

En diciembre, el polluelo empieza la muda: se le cae el plumón y comienzan a crecerle plumas lisas e impermeables. Significa que el joven pingüino pronto podrá empezar a nadar.

En septiembre, el polluelo se mantiene en pie sobre el hielo sin ayuda.

El polluelo tiene una fina capa de plumón cuando eclosiona.

Alimentación

La madre alimenta a sus crías regurgitando la comida que ha almacenado en su estómago, que es una especie de pasta o aceite.

Eclosión

La madre regresa del mar en agosto. A veces el huevo ya ha eclosionado, pero si no lo ha hecho, se intercambia con el padre. En cuanto eclosiona, mantiene la cría caliente en su bolsa ventral.

Juntos Entre octubre y noviembre, mientras sus padres salen a cazar en busca de comida, las crías se apiñan en grupos para mantenerse calientes.

Inmersión El pingüino emperador es un excelente nadador y buceador. Puede llegar a permanecer bajo el agua hasta 20 minutos mientras caza.

Enemigos El pingüino emperador tiene pocos depredadores, pero debe tener cuidado con la foca leopardo, que puede lanzarse sobre él y atacarlo.

También
Descubre más sobre el orangután (130-131), que también tarda mucho tiempo en criar unas pocas crías, pero puede procrear bastantes años.

En su primer año de vida, son marrones con la cara blanca. Con los años se vuelven blancos.

Dejar el nido

El polluelo tarda unos 9 meses en aprender a volar y ser lo suficientemente mayor como para independizarse. Entonces, los padres están exhaustos, por lo que no volverán a criar hasta al cabo de 2 años.

Cuidado de la cría

El polluelo nace cubierto de suaves plumas blancas y crece rápidamente comiendo peces y calamares. La madre y el padre siguen compartiendo las tareas parentales, entre ellas pescar en el mar alrededor de la isla.

El albatros tiene muy buen olfato, lo que le ayuda a detectar presas.

Algunos albatros pueden seguir reproduciéndose a los 70 años.

Construcción del nido

La madre y el padre recogen barro y hierba para confeccionar un nido. Incuban su único huevo durante 78 días: se sientan sobre el huevo por turnos, alternándose cada 2 o 3 semanas.

Albatros

Algunos animales se reproducen con cuentagotas, pero viven lo suficiente como para poder tener hijos durante muchos años. Es el caso del albatros viajero, que lo logra compartiendo su vida con una pareja. El macho y la hembra se reúnen para poner un solo huevo cada 2 años, pero pueden permanecer juntos durante medio siglo.

Suele pescar la comida justo bajo la superficie, pero a veces se zambulle a más profundidad.

Tener hijos

El albatros tarda mucho en crecer y convertirse en progenitor. No se emparejan hasta que ambos tienen por lo menos 10 años.

De por vida

Los albatros pasan la mayor parte del año solos. Pero en noviembre se reúnen en unas islas apartadas, en el gélido océano Glacial Antártico, donde se saludan y se aparean.

Chacal de lomo negro Estos chacales cooperan en la crianza de sus hijos, igual que los albatros. Incluso los cachorros permanecen con sus padres para ayudar a criar a la siguiente camada.

Topillo de la pradera La mayoría de los topillos macho se aparean con varias hembras, pero el topillo de la pradera tiene una única pareja y comparte con ella la tarea de criar a los hijos.

Gibón de cresta El hecho de que el macho (izquierda) y la hembra (derecha) compartan la higiene diaria ayuda a fortalecer los lazos entre ellos, algo importante para poder criar bien a su prole.

Reproducción

Una vez en Europa, forman parejas reproductoras. El macho corteja a la hembra con un vuelo en círculo, cantando y desplegando la cola. Si consigue impresionarla, se aparean. Hay parejas que pasan toda la vida juntos.

Rumbo al norte

En primavera, la golondrina común deja África y recorre miles de kilómetros hasta los lugares de cría en Europa. Se alimenta sin dejar de volar, y bebe volando bajo sobre lagos y ríos, y recogiendo el agua al pasar.

Anidación

En el tejado de un edificio, la pareja construye un nido en forma de copa y hecho de barro. La hembra pone entre 3 y 7 huevos. A veces, el macho ayuda a la hembra a incubar los huevos.

También
Lee sobre el murciélago moreno (128-129), que también se reproduce en edificios.

Los progenitores cogen insectos para los polluelos y mantienen el nido limpio

Alimentación de las crías

Los huevos eclosionan 2 semanas más tarde. Los polluelos necesitan alimentarse constantemente. A las 3 semanas, ya tienen plumas y pueden empezar a volar.

Aguja colipinta Este pájaro ostenta el récord de vuelo sin interrupciones. Una aguja recorre más de 11 000 km sin detenerse al migrar de Nueva Zelanda hasta el mar Amarillo en China.

Ánsar indio Este ganso asiático ha sido visto volando a casi 7300 m por encima de las montañas del Himalaya; más alto que cualquier otra ave migratoria.

Golondrina

La golondrina común suele verse planeando sobre los campos en busca de insectos y se reproduce en edificios. Tras criar a sus polluelos, las que viven en el hemisferio norte se marchan para pasar el invierno en lugares más cálidos del sur. Estas golondrinas del norte de Europa, por ejemplo, migran al sur de África.

La migración es dura: muchos pájaros mueren de cansancio, de hambre o a causa de una tormenta violenta.

Invierno en África

El viaje termina cuando llegan al sur de África, por el momento. Pasan el invierno cerca de los humedales, donde el cielo está repleto de insectos voladores con los que darse un festín.

Rumbo al sur

La golondrina común puede tener dos nidadas al año. En otoño, en cuanto todos los polluelos han aprendido a volar, y a todos les han salido plumas nuevas, las golondrinas se reúnen en grandes grupos y viajan hacia el sur.

Charrán ártico Este pájaro también ostenta un récord: hace la migración más larga, desde el Ártico hasta la Antártida y de nuevo al Ártico. Una distancia total de 70 000 km. Descansa por el camino, así que no le quita el récord de vuelo sin interrupciones a la aguja.

Estorninos Los estorninos que emigran suelen juntarse formando una enorme nube de pájaros que da vueltas y giros en el aire. A las aves rapaces les cuesta más atrapar a uno de ellos entre esa gran masa.

El nido, en forma de copa,
suele estar a 1-3 m del suelo.

Nido sencillo

Tras aparearse, la hembra se marcha y pone un huevo en un nido sencillo que construye en un árbol. La madre cría al polluelo ella sola.

Listo para la inspección

Cuando está satisfecho con su obra, llama a las hembras para que vean su trabajo. Si a alguna le gusta, se aparea con él.

Si el macho abandona el emparrado, aunque sea brevemente, un rival puede robarle las piezas más bonitas.

Decoración del emparrado

El macho coloca los objetos que ha reunido, como flores, hojas, bayas, frutos, élitros de escarabajo y plumas, sobre el musgo que hace de césped.

El pájaro coloca los objetos en distintas pilas, según el color, el tamaño y la forma.

¿Bailas? Los somormujos escogen pareja bailando juntos en lagos y ríos. Los somormujos lavancos se ofrecen hierbajos mientras bailan y luego se desplazan juntos por encima del agua moviendo muy rápidamente los pies.

Rojo intenso El macho de la fragata escoge un lugar para hacer el nido e hincha una bolsa roja que tiene bajo la garganta para atraer a la hembra. También agita las alas extendidas y emite unos fuertes sonidos. Vaya, ¡que no pasa desapercibido!

Construcción del emparrado

El macho del pergolero pardo entrelaza ramitas y tallos alrededor de una plántula (árbol joven). Cuando el emparrado está terminado, parece una pequeña cabaña de paja con la entrada en forma de arco.

Ave de emparrado

Para los machos, encontrar pareja es una tarea ardua. Reúnen objetos de colores brillantes y exhiben sus «tesoros» junto a unas estructuras, llamadas emparrados, hechas con ramitas. Cada especie construye un tipo de emparrado. El pergolero pardo construye el más espectacular.

Estas aves se encuentran solo en Australia y Nueva Guinea.

Entrada con césped

El pájaro limpia el suelo por el que se accede al emparrado y luego lo cubre con una capa de musgo, para que parezca que es césped.

También

Descubre que el pingüino emperador (108-109) y el albatros viajero (110-111) forman parejas duraderas para ocuparse de sus crías.

Exhibición aérea Para cortejar a la hembra, el macho del halcón peregrino realiza espectaculares acrobacias en el aire. Así le demuestra que es lo suficientemente hábil como para conseguir comida para ella y sus futuros polluelos.

Personaje pintoresco El macho del ave del paraíso de Wilson usa sus colores y las plumas enrolladas de su cola para atraer a la hembra. La llama y muestra las plumas verde esmeralda del pecho para impresionar a la posible candidata.

En cuanto nace, la madre u otra hembra de la vaina lleva a la cría hasta la superficie para que pueda respirar.

Como el resto de los mamíferos, los delfines alimentan a sus crías con leche materna. La cría mama durante 4 o 5 minutos cada vez mientras la madre nada.

Aprender a nadar

La hembra de delfín está embarazada durante 12 meses. La madre enseña a la cría recién nacida que debe permanecer cerca de ella. Cuando ella nada, su cuerpo produce olas que impulsan a la cría por el agua.

Delfín

Aunque viven en el agua y parecen peces, los delfines son mamíferos que respiran aire y paren a sus crías. El amistoso delfín mular vive en grupos, o vainas, de hasta 100 animales. Los delfines, inteligentes y sociables, lo hacen todo juntos, incluso crían a sus vástagos en pequeñas vainas de cría.

Nadando juntos

Los machos esperan que una hembra aparezca por su zona o se buscan una pareja. Luego nadan juntos, frotándose los vientres mientras se aparean.

Los delfines se alimentan básicamente de pececillos y calamares. Usan las ondas sonoras para localizar a las presas, una técnica conocida como ecolocalización.

Los delfines pueden nadar a una velocidad de hasta 30 km/h.

También
Lee sobre el tiburón limón (88-89), que también empieza su vida protegido en un criadero.

Los delfines saltan fuera del agua para tener una mejor visión de las posibles presas.

Cachalote Los cachalotes adultos se sumergen en las profundidades del océano para alimentarse. Mientras algunas madres bucean, otras se quedan en las vainas de cría para proteger a las crías.

Las hembras protegen a las crías de depredadores como los tiburones en la vaina de cría.

Vaina de cría

Cada vaina incluye varias vainas de cría, formadas por varias madres y sus crías. Las hembras cuidan incluso las crías de otras hembras. Eso se llama alopaternidad.

Caballos y potrillos Las crías de delfín al nacer ya saben nadar y los potrillos pueden mantenerse en pie y andar poco después del parto. Ambos son ejemplos de crías precoces.

Las crías maman durante 2 años y permanecen con su madre entre 3 y 6 años.

Totalmente desarrollado

Los delfines se comunican mediante sonidos. Cada delfín tiene su propio silbido. Eso les permite reconocerse, encontrarse y ayudarse.

Círculo de defensa El buey almizclero protege a sus crías de los depredadores, como los lobos, formando un círculo, con la cabeza y los cuernos mirando hacia fuera. Los becerros se esconden en el centro, debajo de sus madres.

Canguro

El canguro rojo es el marsupial más grande que existe. Los marsupiales son mamíferos que llevan a sus crías en una bolsa. Pueden llegar a medir 1,8 m de altura. Los canguros usan sus fuertes patas y su poderosa cola para saltar por los desiertos y los pastizales de Australia.

Las hembras suelen ser más pequeñas y más grises que los machos.

Macho poderoso

El macho ganador puede haber vencido hasta a 10 competidores para conseguir a la hembra escogida. Luego comprueba si la hembra está lista para el apareamiento oliendo su orina.

Transporte de la cría

Tras el apareamiento, la hembra está embarazada tan solo 1 mes. El recién nacido mide solo 2,5 cm de largo: como un haba. Al poco de nacer, la cría se arrastra hasta la bolsa de su madre.

La bolsa protege a la cría mientras mama y crece.

También

Lee sobre el caballito de mar (92-93), que también tiene una bolsa, aunque es el macho el que lleva los huevos que se convertirán en crías.

Lactancia

La bolsa de la madre está cubierta de glándulas mamarias que producen leche para alimentar a sus crías. La cría encuentra un pezón y se coge a él. Puede permanecer agarrada a él hasta 70 días.

Vida grupal

Los canguros viven en grupos sociales. Los machos compiten por las hembras «boxeando» entre ellos. Se preparan, lanzan patadas y golpes, y luchan para ver quién es el más fuerte.

Los canguros pueden alcanzar velocidades de hasta 71 km/h.

¡Allá voy!

Cuando la cría está lo bastante fuerte, empieza a asomar la cabeza. Cuando ya es demasiado grande para vivir en la bolsa sale fuera, pero durante varios meses sigue volviendo para beber leche.

Uómbat La bolsa del uómbat mira hacia atrás, no hacia delante como la de los canguros. Así no se llena de tierra cuando excava su madriguera.

Zarigüeya La hembra de la zarigüeya americana puede llegar a parir 21 crías, pero solo tiene 13 pezones, así que no todas sobreviven. Pero ¡puede amamantar a muchas crías a la vez!

Koala La cría permanece en la bolsa durante 7 meses y luego se pasa varios más colgada de la espalda de su madre.

Mundo *conectado*

Ningún organismo se las apaña solo: todas las plantas y animales dependen de otra forma de vida para sobrevivir. Los animales necesitan alimento, ya sean hojas, carne o... excrementos. Las plantas solo crecen bien si la tierra que rodea sus raíces está enriquecida con nutrientes procedentes de otros organismos. Las plantas y los animales están interconectados por cadenas alimentarias que pasan la preciada energía de un ser vivo a otro.

Red trófica

Las conexiones entre organismos vivos son complicadas. Muchos animales comen más de un tipo de comida. El conjunto de conexiones entre plantas y animales se llama red trófica.

Las plantas son verdes porque tienen clorofila, que absorbe la energía del sol.

Muchos insectos, como las langostas, se alimentan de hierba y otras plantas. Disponen de piezas bucales con las que trocean la vegetación.

Cadena alimentaria

Las plantas aprovechan la energía de la luz solar y la transforman en alimento para poder crecer. Los herbívoros (vegetarianos) se comen las plantas, luego los carnívoros (consumidores de carne) se comen a los herbívoros. Esta serie de conexiones se conocen como cadena alimentaria.

Los herbívoros se llaman consumidores primarios porque son el primer eslabón en la cadena alimentaria.

Las plantas son productores porque fabrican alimento: están al principio de la cadena alimentaria.

Los carnívoros se llaman consumidores secundarios porque son el segundo eslabón de la cadena alimentaria.

Las gacelas comen hierba y otras plantas. Tienen dientes especializados y un estómago capaz de digerir las hojas más duras.

Los leones se lanzan sobre las gacelas y otros animales con sus poderosas fauces. Usan sus afilados dientes para desgarrar la carne.

Las suricatas se alimentan de langostas, escorpiones y otras criaturas pequeñas.

Los escorpiones comen langostas y otros insectos. Agarran a las presas con sus pinzas.

Un águila puede bajar en picado y coger una suricata con sus afiladas garras.

Limpieza

En la naturaleza, no se desperdicia nada. Los carroñeros, como los buitres y las hienas, se alimentan de animales muertos. Los descomponedores, como los gusanos y los escarabajos peloteros, descomponen los restos de plantas y animales. Eso devuelve los nutrientes a la tierra y hace que crezcan las plantas.

Los buitres se alimentan de los restos de animales muertos.

Las bacterias y los gusanos descomponen los materiales, como los restos de animales muertos que han dejado los carroñeros.

Lucha de sementales

Las cebras del sur del Serengueti se aparean y reproducen a principios de año, durante la estación lluviosa, cuando abunda la hierba verde. Los sementales luchan para ver quién se aparea con la yegua.

Los sementales se rodean, se muerden y se golpean con sus pezuñas.

Caricias con el hocico

Los sementales y las yeguas se acarician con el hocico antes de aparearse. La yegua dominante se reproduce más a menudo y sus potros gozan de mayor rango que el resto.

Cebra

En las vastas planicies del Serengueti, en el este de África, las cebras viven en grupos familiares llamados harenes. Un harén típico incluye un semental (macho) y varias yeguas (hembras) con potrillos. Los harenes se juntan en grandes manadas formadas por cientos, a veces miles, de cebras. Las cebras migran todos los años. Siguen las lluvias, en busca de pastos frescos.

Parto a solas

Las yeguas están embarazadas algo más de 1 año. Eso significa que las yeguas del Serengueti tienen que recorrer largas distancias estando embarazadas. Para dar a luz, la madre abandona la manada y se esconde de los depredadores, como guepardos, leones y hienas.

El estampado
de cada cebra es único, como un código de barras.

En marcha

Cada año, manadas de cebras se unen a los ñus para realizar un circuito por el Serengueti, siguiendo las lluvias. Para cuando llega el invierno han regresado al sur y están listas para volver a procrear.

Picabueyes Estos pájaros se alimentan de parásitos como garrapatas, pulgas y tábanos, presentes en la piel de las cebras. Si se acerca un depredador, el pájaro avisa a la cebra con su llamada de alarma.

Ñu Las cebras y los ñus a menudo viven en manadas mixtas. Ambos siguen la migración del Serengueti, pero el embarazo del ñu es más corto que el de la cebra.

Potros de cebra

La mayoría de los potros nacen en enero y febrero. Al poco de nacer se mantienen de pie. En el primer año de vida se alimentan de la leche de su madre y son muy vulnerables a los ataques: los depredadores matan aproximadamente al 50 % de las crías de cebra.

Los guepardos se esconden entre los matorrales y atacan a los potros.

A los picabueyes les gusta ir sobre el lomo de las cebras.

Jirafa En el Serengueti también hay jirafas. Sin embargo, como las jirafas no saben nadar ni pueden cruzar ríos, no siguen la migración. Sobreviven a la estación seca mordisqueando las ramas de las altas acacias.

También

Lee sobre los tiburones (88-89), las tortugas marinas (102-103) y los pingüinos emperador (108-109), que también migran para reproducirse.

Foca capuchina La hembra amamanta 4 días. Es la leche de más contenido graso de todos los mamíferos, así que sus crías crecen deprisa y almacenan grasa para mantenerse calientes.

Cortejo

A principios de verano, los osos que ya han madurado, con entre 5 y 7 años, empiezan a aparearse. El macho sigue el olor de las huellas de la hembra. Solo están juntos unos días.

Rinoceronte negro La leche del rinoceronte negro es la de más bajo contenido en grasa. Sus crías maman durante 2 años y van creciendo poco a poco.

Preparación para el parto

El óvulo fecundado no empieza a desarrollarse en el vientre de la madre hasta otoño. Así, los oseznos empezarán a corretear en primavera, cuando hay más comida. Para prepararse para el parto, excava una cueva en la nieve y se mete en ella.

La hembra cava una cueva, o guarida, en un montículo de nieve. Mide poco más que su cuerpo.

Parto invernal

La mayoría de las hembras paren gemelos en diciembre. Los alimentan con leche rica en grasa. Los recién nacidos son diminutos: pesan solo unos 500 g. Son ciegos y están recubiertos de un pelaje corto.

La madre vive de la grasa almacenada en su cuerpo unos 8 meses.

Paloma La paloma es uno de los pocos pájaros que produce un líquido parecido a la leche para alimentar a sus pichones. El líquido lo segrega una bolsa ubicada en su garganta.

Crecimiento

Los oseznos crecen rápido gracias a la grasa de foca. Permanecen junto a su madre durante 2 o 3 años. Pero cuando se independizan, suelen vivir solos y únicamente se juntan con otros osos para aparearse.

Oso polar

Los osos polares viven y se reproducen en el hielo marino que flota por el océano Ártico. Estos fieros cazadores son buenos nadadores y pueden pasarse horas en las aguas gélidas. Las hembras son muy protectoras con sus oseznos: no se alejan dc ellos y no les quitan el ojo de encima mientras juegan en el hielo.

De caza en el hielo

La primavera es una buena época para cazar. Acaban de nacer un montón de crías de foca y hay mucho hielo marino, así que los osos polares pueden acercarse a sus presas. La hambrienta mamá recupera las fuerzas y enseña a sus oseznos a cazar y a nadar.

A principios de primavera, los oseznos están listos para salir de la cueva.

Abandonar la cueva

La leche de la madre tiene un alto contenido graso, lo que hace que los oseznos crezcan rápidamente. Se quedan en la cueva unas semanas, hasta que están suficientemente fuertes como para seguir a su madre hasta el borde del hiclo.

También

Lee sobre el pingüino emperador (108-109), que también da a luz durante el invierno polar, pero en la otra punta del mundo.

El oso polar tiene el pelo transparente, ¡y la piel negra! Parece blanco porque su pelo refleja la luz.

Rata topo desnuda

Ningún otro mamífero tienen un ciclo vital como el de la rata topo desnuda. Estos roedores excavadores viven en grandes grupos o colonias subterráneas que funcionan de un modo parecido a una colmena. Una hembra dominante, la reina, tiene todas las crías.

Las raíces y los tubérculos aportan a la colonia todo el alimento y el agua necesarios.

Reina poderosa

La reina es el miembro más grande y agresivo de la colonia. Su sola presencia basta para que otros miembros de la colonia dejen de aparearse. La reina puede tener crías durante 16 años. No está mal para un pequeño roedor.

Una hembra en cautividad tuvo más de 900 crías en solo 11 años.

Algunas obreras se trasladan a la cámara de la reina y se acurrucan con las crías para mantenerlas calientes.

Muchas crías

La reina produce camadas más grandes que casi cualquier otro tipo de mamífero. Cada 12-19 semanas da a luz a unas 28 crías.

Una cría abandona el nido.

Topo Las ratas topo son roedores vegetarianos, mientras que los topos son excavadores que comen gusanos. Son territoriales y viven solos. Machos y hembras solo se juntan brevemente para aparearse.

Familias de suricatas

Las suricatas viven en colonias subterráneas, donde una pareja dominante tiene las crías. El resto de los miembros ayudan a cuidarlas.

También
Lee sobre las hormigas, también gobernadas por una reina (78-79), y los murciélagos, otro pequeño mamífero que vive en grandes grupos (128-129).

Las obreras que van en cabeza usan los dientes para cavar y las que van detrás echan la tierra suelta hacia atrás.

Machos maduros

A diferencia de las hembras obreras, los machos se mantienen fértiles para poder ser padres. Cuando los machos de otras colonias entran en la madriguera, la reina escoge a los que prefiere y se aparea con ellos.

Las más dominantes son las que ganan las competiciones de empujones dentro de los túneles.

Obreras y soldados

Las crías se convierten en las obreras de la colonia. Al principio cavan túneles y buscan alimento. De mayores, se convierten en soldados y defienden la madriguera de los intrusos.

Cuando algunos túneles se clausuran y una nueva reina toma el relevo al otro lado, se forma una nueva colonia.

Termitas Estos sociables insectos viven en colonias dominadas por una reina reproductora. Las obreras se encargan de vigilar el nido. Algunas especies viven en termiteros gigantes, con una compleja red de túneles.

Los murciélagos morenos adultos tienen una envergadura de unos 33 cm y su cuerpo puede llegar a medir 12 cm de largo. Las hembras son ligeramente más grandes que los machos.

A casa a descansar

Por la mañana, los murciélagos regresan a su refugio, en huecos de árboles, cuevas o edificios. Cuando llega el otoño y los días son más fríos, los murciélagos pasan menos tiempo volando y más en su refugio.

También
Descubre más sobre el oso polar (124-125), que también hiberna en invierno.

Caza estival

Los murciélagos vuelan sobre todo durante las cálidas noches estivales, cuando abundan los insectos. Algunos salen a última hora de la tarde, pero la mayoría se muestran activos 2 o 3 horas después de la puesta de sol y se pasan toda la noche cazando.

Primer vuelo

A las 3 o 4 semanas, las crías empiezan a realizar vuelos cortos. Para poder cazar insectos en la oscuridad, aprenden una técnica llamada ecolocalización, que les permite orientarse con el sonido.

Murciélago vampiro Los murciélagos vampiro regurgitan la sangre digerida de sus presas para alimentar a sus crías e incluso a murciélagos de otras familias.

Ecolocalización Los murciélagos insectívoros usan la ecolocalización para detectar a sus presas y no golpearse con nada por la noche. El murciélago grita y escucha el eco. Si hay algún insecto o un árbol en la zona, el murciélago averigua dónde está por el eco.

Apareamiento e hibernación

Se aparean en septiembre. Durante el invierno, cuando hay menos insectos, los murciélagos hibernan. Su temperatura corporal desciende y dejan de volar. Pierden peso, pero sobreviven gracias a la grasa corporal.

Murciélago

Los murciélagos son los únicos mamíferos que pueden volar como los pájaros. Pero en vez de plumas, tiene unas alas formadas por una fina piel palmeada. Algunos murciélagos comen frutos, pero la mayoría se alimentan de insectos, entre ellos el murciélago moreno.

Maternidad

Aunque se aparean en otoño, las hembras no se quedan embarazadas hasta la primavera, cuando termina la hibernación. Las hembras embarazadas se reúnen en una colonia de maternidad. El embarazo dura unos 60 días.

*Los murciélagos son **muy útiles**, pues **comen insectos** que pueden dañar cosechas y animales.*

Cuidado de las crías

Desde finales de abril hasta principios de julio, las hembras paren 1 o 2 crías. Las crías son tan pequeñas que podrían enrollarse en tu dedo y en las primeras semanas de vida están del todo indefensas. Las hembras se encargan de la crianza e incluso cuidan de otras crías.

La astuta polilla Hay una especie de polilla que puede interferir en la ecolocalización de los murciélagos. ¡Evitan ser ingeridas alterando el sonido!

Para ahorrar energía, la madre se cuelga de los pies cuando descansa. Las crías se cuelgan de su madre.

Orangután

Los orangutanes son los más grandes de entre los grandes simios que viven en los árboles. Usan sus largos brazos y sus enormes manos para desplazarse por los bosques tropicales de Indonesia. Su ciclo vital es lento comparado con el de la mayoría de los mamíferos. Las hembras dan a luz una vez cada 6-8 años y tienen solo 4 o 5 crías a lo largo de su vida.

Madre e hijo

La gestación dura unos 8 meses. En cuanto nace el bebé, la madre dobla unas ramas de árbol con las que hace una plataforma para que duerma y construye un nido con hojas y ramas. La cría mama unos 2 años y permanece con su madre hasta los 9 años.

Cada noche, la madre trepa hasta el nido con la cría bien aferrada a ella.

Apareamiento

Los orangutanes se juntan brevemente para aparearse. Los machos dominantes atraen a las hembras con sus largos gritos, que pueden oírse a 1 km de distancia.

Los machos maduros tienen almohadillas en las mejillas llamadas bridas. Los hacen más atractivos para las hembras.

Suelen reproducirse cuando los árboles están llenos de fruta.

También

Descubre más sobre el albatros viajero (110-111), que también cuida mucho tiempo de sus crías.

Vida familiar

La madre no se aleja de su cría. Los orangutanes jóvenes se comunican con muecas y signos. La madre le enseña a buscar fruta y a construir un nido.

Los orangutanes se alimentan básicamente de fruta y hojas tiernas, pero también comen corteza e insectos, como hormigas y grillos.

El durián es su fruta preferida.

De joven a adulto

Los jóvenes adultos aprenden a trepar a los árboles y a usar los palos como herramientas. Los orangutanes no son tan sociables como otros grandes simios. En general, prefieren vivir solos.

Cóndor de California Estos pájaros tardan unos 2 años en volver a poner huevos, para poder cuidar más tiempo de los polluelos ya existentes. Ambos progenitores ayudan a incubar el huevo, alimentan al polluelo y le enseñan a volar. El polluelo permanece en el nido la mayor parte del primer año. Durante el segundo año, sus padres le enseñan a cazar para conseguir el alimento.

Elefante Como en el caso de los orangutanes, las hembras de elefante cuidan de sus crías durante mucho tiempo, hasta 8 años. Al principio, las crías permanecen muy cerca de su madre, aprendiendo a mantener el ritmo de la manada. En cuanto son un poco más mayores, aprenden a usar la trompa y a buscar comida.

Los humanos
a través del tiempo

Si lees esto, es que eres un humano. Los humanos somos la única especie que ha desarrollado un lenguaje escrito. Es una de las muchas cosas que nos hacen únicos, junto con el habla y la planificación, por ejemplo. Todo eso es posible gracias a millones de años de cambios graduales, o evolución.

Usaban hachas manuales de piedra para cortar y trocear.

Herramientas de piedra

Los primeros humanos empezaron a usar las manos para confeccionar herramientas de piedra para trocear la carne y las plantas. Fue el inicio de un período que se conoce como la Edad de Piedra.

Los chimpancés forman parte de nuestro árbol genealógico.

Evolución de los mamíferos

Los primeros mamíferos eran criaturas pequeñas que surgieron de reptiles prehistóricos. Un gran meteorito chocó contra la Tierra, terminó con el reinado de los dinosaurios y permitió que los mamíferos evolucionaran.

División de las especies

Los antepasados de los humanos y los chimpancés empezaron a dividirse poco a poco en distintas especies. Los antepasados de los chimpancés vivían en los árboles y andaban con los brazos y las piernas, pero nuestros antepasados más cercanos empezaron a vivir en el suelo.

Por entonces, nuestros antepasados andaban erguidos usando solo las piernas.

El primero de la familia

En ese momento, vivía un animal que se parecía a los actuales orangutanes y chimpancés. Se le considera uno de los primeros miembros del árbol genealógico en el que se incluyen los humanos.

65 Ma

Pertenecemos a la familia de los homínidos, o grandes simios.

Nuestros ancestros empezaron a pasar cada vez más tiempo en el suelo.

3,5 Ma

Ma = hace millones de años
ma = hace miles de años

12 Ma

10 Ma

2,5 Ma

1,7 Ma

100 ma

12 ma

Con el tiempo, había humanos en todo el mundo menos en la Antártida.

Mayor inteligencia

Gracias a las herramientas de piedra los humanos empezaron a comer una mayor variedad de alimentos. Cuanto mejores eran las herramientas, más posibilidades tenían de sobrevivir. Para hacer herramientas tenían que pensar, con lo que desarrollaron una mayor inteligencia.

Humanos en marcha

Los primeros humanos como nosotros surgieron en África. Algunos decidieron partir y, poco a poco, se desplazaron a otros continentes. En algunas zonas el clima era frío y había animales extraños, como el mamut lanudo.

Los primeros que se asentaron empezaron a cultivar y a domesticar animales para obtener leche y lana.

La caza y el lenguaje

A medida que desarrollaban la inteligencia, empezaron a elaborar herramientas para cazar animales más grandes. Era peligroso, así que los humanos comenzaron a planear y a cazar en grupo. Eso implicaba pensamiento inteligente e intercambio de ideas, lo que llevó a desarrollar el lenguaje.

El hombre primitivo cazaba mamuts lanudos con lanzas.

Asentamiento

Los humanos tenían que desplazarse con regularidad para cazar animales. Luego, algunos empezaron a cultivar en un lugar fijo. Construyeron casas y granjas, y con el tiempo formaron pueblos y ciudades, en los que comerciaban unos con otros, hasta llegar al mundo actual.

Infancia

Durante el primer año, los bebés crecen rápidamente pero dependen por completo de sus padres, que tienen que cuidarles, alimentarles y protegerles. A medida que sus músculos se fortalecen, empiezan a gatear y luego a andar. Dicen sus primeras palabras.

Niñez

Los niños crecen de forma constante y aprenden destrezas, como correr, hablar y leer. También aprenden a jugar entre ellos. Cada niño se desarrolla a su propio ritmo.

La cabeza de un bebé es **enorme** *en proporción a su cuerpo, ¡pues debe poder albergar su gran* **cerebro***!*

Alumbramiento

El vientre de la madre (útero) se contrae para expulsar al bebé. La madre amamanta a su bebé, como hacen las hembras del resto de los mamíferos. ¡Suele parir un solo bebé cada vez, pero a veces pare dos (gemelos) y muy de vez en cuando incluso más!

Crecimiento

Los adolescentes, o púberes, adquieren el cuerpo de un adulto y dependen menos de sus padres. Empiezan a ser capaces de reproducirse, en una etapa llamada pubertad.

Fertilización Un hombre y una mujer tienen sexo para concebir un bebé. Uno de los óvulos femeninos se junta con uno de los espermatozoides masculinos en un proceso llamado fertilización. Así empieza una vida humana.

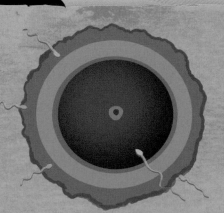

Embrión En el útero de la mujer, el óvulo fertilizado se divide una y otra vez hasta formar un embrión, que está formado por millones de células. A las 8 semanas, ya tiene cara, extremidades y órganos internos.

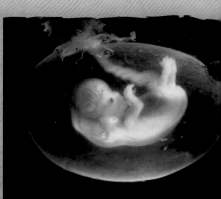

Jóvenes

Alrededor de los 20 años, su cuerpo está completamente desarrollado. Los jóvenes dejan de ser dependientes y pueden mantener relaciones personales íntimas. Pueden tener hijos.

Madurez

Entre los 40 y los 60 años, el pensamiento y el razonamiento alcanzan su punto más alto, aunque empiezan a aparecer los primeros signos de envejecimiento. Algunos adultos todavía tienen hijos y los cuidan. A finales de la madurez, las mujeres ya no pueden tener hijos.

Tercera edad

En esta última etapa del ciclo vital, aparecen claros signos de envejecimiento, como las canas, las arrugas, la pérdida de visión y de audición, y dolor en las articulaciones. Este deterioro puede ralentizarse haciendo ejercicio y comiendo sano.

Humanos

Nosotros somos *Homo sapiens*, una especie inteligente de mamíferos capaz de vivir más de 100 años. Los padres cuidan de sus hijos durante muchos años, más tiempo que el resto de los mamíferos. Los humanos varían mucho de un lugar a otro, en altura, peso, aspecto y más cosas.

También

Lee sobre los orangutanes (130-131), un pariente cercano de los humanos que también cuida mucho tiempo de sus crías.

Gestación El bebé se desarrolla dentro de la madre durante 9 meses. Al cabo de 12 semanas, le crecen las uñas. Puede reconocer la voz de su madre a las 24 semanas. Un mes más tarde, empieza a crecerle el pelo y abre los párpados.

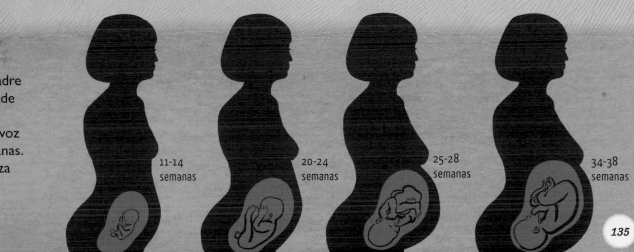

11-14 semanas

20-24 semanas

25-28 semanas

34-38 semanas

Cómo alteramos
la vida en la Tierra

Los humanos tenemos un impacto enorme en la Tierra. Quemamos combustibles fósiles y generamos enormes cantidades de desperdicios. Hemos estado usando los recursos de la Tierra como si fueran ilimitados y poniendo en riesgo la vida de muchas especies animales y vegetales. Solo si cambiamos de actitud, podemos ayudar a proteger los ciclos vitales de otros organismos vivos.

Contaminación

A medida que la población mundial aumenta, consumimos más recursos y generamos más residuos. Los coches, las fábricas y la basura contaminan el aire, el suelo y el mar, perjudicando a animales y plantas. Las criaturas marinas se comen el plástico que acaba en los océanos, algo que es malo para sí mismos y para los animales que se los comen a ellos.

Problemas...

Calentamiento

Al quemar combustibles fósiles para producir energía, aumentamos los niveles de carbono en la atmósfera. Esto provoca un calentamiento global, es decir, temperaturas más elevadas en todo el mundo, lo cual tiene un efecto devastador sobre el medio ambiente.

Destrucción de hábitats

Usamos alrededor del 30 % del suelo para alimentarnos, alimentar a los animales y obtener energía. La tala de bosques para obtener más suelo se llama deforestación. Esta ha provocado la pérdida de casi la mitad de los árboles. También constituye una amenaza para el hogar de muchas especies animales y vegetales.

Caza

Los cazadores matan a los elefantes por su marfil, a los tigres por su piel y sus huesos, y a los rinocerontes por sus cuernos. Esta práctica, que mata a millones de animales todos los años, está provocando la desaparición, o extinción, de muchas especies.

*Cada día se **extingue** alguna especie por culpa de la actividad humana.*

Energía verde

Las nuevas tecnologías nos permiten generar energía sin aumentar el calentamiento global ni la contaminación. Entre las fuentes de energía respetuosas con el medio ambiente —o verdes— están el viento, las olas y el sol.

Agricultura ecológica

Podemos aumentar la variedad de plantas y animales de una zona sembrando distintos cultivos y restaurando los hábitats de los pájaros y los animales polinizadores, es decir, de los animales que fertilizan las plantas. Esta práctica se llama agricultura ecológica.

Reducción de desechos

El reciclaje permite convertir los desechos en nuevos materiales. El reciclaje, junto al hecho de reutilizar los objetos en vez de desecharlos, ayuda a conservar nuestros recursos y a proteger el medio ambiente.

Glosario

abdomen Parte del cuerpo de un animal que contiene los órganos digestivos y reproductores.

agujero negro Región del espacio en la que la gravedad es tan fuerte que ni la luz puede escapar de ella. Se forma cuando una estrella grande implosiona.

algas Organismos vivos simples y parecidos a las plantas que fabrican su propio alimento con la energía solar.

alopaternidad Cuidados a una cría animal por parte de un adulto que no es uno de sus progenitores.

amenazada, especie En peligro de extinción (de desaparecer del todo).

anádromas Usado para describir un pez que migra del agua salada al agua dulce para desovar, como el salmón.

anfitrión Ser vivo que proporciona alimento a un parásito.

apareamiento Cuando un animal macho y un animal hembra se juntan durante la reproducción sexual.

atmósfera Capa de gas de un planeta.

caducifolia Las plantas caducifolias pierden todas sus hojas a la vez. Al año siguiente las hojas les crecen de nuevo.

capullo Cubierta de seda que protege a un insecto mientras está pupándose.

célula sexual Célula reproductiva masculina (espermatozoide) o femenina (óvulo).

cigoto Óvulo fertilizado que se convierte en un animal. Algunos se desarrollan en el cuerpo de la madre y otros se ponen. Los de pájaro y reptil tienen una cáscara que los protege.

clon Planta o animal que es réplica de su progenitor.

colonia Conjunto de organismos vivos de la misma clase que viven juntos en estrecha relación.

comensalismo Relación en la que una especie se beneficia y la otra ni se beneficia ni resulta perjudicada.

cordón umbilical Cordón que lleva la sangre entre el feto y su madre.

cortejo Conducta que establece un vínculo entre un macho y una hembra antes del apareamiento.

corteza Capa externa de la Tierra.

crisálida Estado de pupa de una mariposa o polilla.

depredador Animal que mata y se come otros animales.

descomposición Pudrirse o descomponerse. El cuerpo de los animales y las plantas se descompone tras su muerte.

desgaste Cuando las rocas y los minerales se gastan y se convierten en sedimentos.

drupa Fruto carnoso que contiene una semilla en forma de hueso duro. Los cocos, las ciruelas, las cerezas y los melocotones son drupas.

embrión Etapa inicial del desarrollo de un animal o planta.

enana blanca Núcleo denso, caliente y brillante que queda cuando muere una estrella de tamaño medio.

enana negra Restos oscuros de una estrella enana blanca que se ha enfriado.

erosión Cuando las rocas se desgastan y son arrastradas por el viento, el agua o el hielo en movimiento de los glaciares.

espermatozoide Célula sexual masculina.

espora Cuerpo unicelular producido por un hongo o una planta que puede convertirse en un nuevo ejemplar.

evaporación Cuando un líquido se convierte en gas.

exoesqueleto Esqueleto externo y rígido que recubre el cuerpo de algunos animales.

fertilización Fusión (unión) de las células sexuales masculinas y femeninas para producir un nuevo ser vivo.

feto Mamífero nonato en las etapas finales del desarrollo.

fruto Parte femenina madura de la flor que contiene semillas. Algunos tienen una pared jugosa para que los animales se los coman y esparzan sus semillas.

fruto seco Fruto seco y duro que contiene una única semilla.

galaxia Grupo muy grande de estrellas y nubes de gas y polvo.

germinar Empezar a crecer una semilla.

gigante roja Estrella enorme, brillante y rojiza con temperatura superficial baja.

glándulas mamarias Partes del cuerpo de las hembras mamíferas que producen leche para alimentar a las crías.

hermafrodita Organismo vivo que tiene órganos reproductores masculinos y femeninos, como las lombrices.

hibernación Estado parecido al sueño con que un animal sobrevive al invierno.

hongos Tipo de ser vivo que absorbe el alimento de la materia viva o muerta que hay a su alrededor.

incubar Mantener los huevos calientes hasta que están listos para eclosionar.

larva Animal joven que no se parece a sus progenitores y que se transforma en adulto con una metamorfosis completa.

lava Roca caliente y fundida que sale a la superficie de la Tierra a través de la erupción de los volcanes.

magma Roca caliente y fundida que está bajo la superficie de la Tierra.

manto Interior blando de la Tierra, entre la corteza y el núcleo interno.

membrana Barrera fina.

metamorfosis Cambio radical de la forma del cuerpo que tiene lugar cuando un animal joven se convierte en adulto.

migración Viaje estacional que realiza un animal hacia un lugar nuevo, para reproducirse o alimentarse.

muda Cuando un animal se desprende de su piel externa periódicamente para poder crecer.

nebulosa Nube gigante de polvo y gas que se encuentra en el espacio.

néctar Líquido dulce que producen las flores con el que atraen a los animales polinizadores.

ninfa Insecto joven que se parece a sus progenitores pero no tiene alas ni puede reproducirse. Las ninfas se desarrollan mediante una metamorfosis incompleta.

nutriente Material que toma un ser vivo para crecer y sobrevivir.

óvulo Célula sexual femenina.

Pangea Supercontinente que existió hace unos 320-200 millones de años, antes de fragmentarse.

parásito Organismo vivo que vive sobre o dentro del cuerpo de otra especie, llamada anfitrión.

partenogénesis Forma de la reproducción asexual en la que las crías se desarrollan a partir de células sexuales femeninas sin fertilizar. Las crías son clones de sus progenitores.

perenne Planta a la que se le caen y le salen hojas continuamente, de modo que nunca se queda sin hojas.

placa tectónica Una de las piezas que componen la rígida corteza de la Tierra.

polinización Traslado del polen de la parte masculina de una flor a la parte femenina de otra flor. La polinización es esencial para la reproducción sexual de las flores.

pólipo Animal marino con el cuerpo cilíndrico y hueco, y la boca rodeada de tentáculos. El pólipo es uno de los estadios del ciclo vital de los corales.

presa Animal al que otro animal mata e ingiere.

probóscide Órgano bucal en forma de apéndice alargado y flexible. Las polillas y las mariposas usan el probóscide para sorber el néctar de las flores.

protoestrella Estrella joven que se forma cuando se produce una reacción nuclear en una masa caliente de polvo y gas que gira.

pupa Fase de reposo en el ciclo vital de algunos insectos. En ella pasan de larva a adulto experimentando un cambio completo en la forma de su cuerpo (metamorfosis).

renacuajo Larva de una rana o sapo. Los renacuajos respiran por medio de branquias, en vez de por medio de pulmones, y tienen una cola muy larga.

reproducción Producción de crías (vástagos). La reproducción puede ser sexual o asexual.

reproducción asexual Reproducción en la que interviene un solo progenitor.

reproducción sexual Reproducción en la que intervienen dos progenitores.

roca ígnea Roca que se forma cuando el magma subterráneo se enfría o cuando la lava se solidifica en la superficie.

roca metamórfica Roca que se forma cuando una roca existente se modifica a causa del calor y la presión, formando una roca nueva.

roca sedimentaria Roca compuesta de sedimentos. Las capas de sedimentos se comprimen y se consolidan hasta que forman una roca.

sedimentos Fragmentos diminutos de roca, restos de seres vivos o depósitos químicos que se posan en el fondo de lagos, ríos y mares.

semilla Cápsula que contiene el embrión de una planta y una reserva de alimento.

supercontinente Agrupación de todos o casi todos los continentes de la Tierra en una única gran masa de tierra.

territorio Área reclamada por un animal, que defiende de los rivales.

útero Parte del cuerpo de una hembra mamífera en la que se desarrolla la cría antes de nacer.

vaina Grupo de mamíferos marinos, como los delfines o las ballenas.

Índice

Agradecimientos

Los editores agradecen a las siguientes personas e instituciones su permiso para la reproducción de sus fotografías:

(Clave: a, arriba; b, bajo, debajo; c, centro; e, extremo; i, izquierda; d, derecha; s, superior)

11 Alamy Stock Photo: Granger Historical Picture Archive (cda). **NASA:** JPL / STScI Hubble Deep Field Team (cd). **12 Dorling Kindersley:** NASA (bc). **NASA:** NASA Goddard (bd). **16 NASA:** Aubrey Gemignani (bd); JPL / USGS (bc). **18 Getty Images:** Chris Saulit (cia). **NASA:** ESA (bi). **22 Dorling Kindersley:** Natural History Museum, Londres (bc). **Dreamstime.com:** Mikepratt (bd). **23 Dorling Kindersley:** Katy Williamson (bc). **Dreamstime.com:** Yekaixp (bd). **25 123RF.com:** welcomia (cda). **26 Dorling Kindersley:** Dorset Dinosaur Museum (bd); Royal Tyrrell Museum of Palaeontology, Alberta, Canadá (bc). **27 123RF.com:** Camilo Maranchón García (bd). **Dreamstime.com:** Likrista82 (bc). **29 Dreamstime.com:** Toniflap (cda). **30 Alamy Stock Photo:** Nature Picture Library (bd). **Dreamstime.com:** Kelpfish (bc). **31 Dorling Kindersley:** Museo Archeologico Nazionale di Napoli (bd). **Dreamstime.com:** Dariophotography (bc). **33 Alamy Stock Photo:** Peter Eastland (cd). **Dreamstime.com:** Anizza (cda); Yurasova (bd). **35 Dreamstime.com:** Benjaminboeckle (cd); John Sirlin (cda). **NASA:** Jesse Allen, Earth Observatory, con datos cedidos por cortesía del MODIS Rapid Response Team (bd). **37 Alamy Stock Photo:** Tsado (bd). **iStockphoto.com:** Francesco Ricca Iacomino (cda). **38 Dreamstime.com:** Rudolf Ernst (bi). **NASA:** Jeremy Harbeck (bc). **39 Dreamstime.com:** Staphy (bd). **40 Dorling Kindersley:** Oxford University Museum of Natural History (bd). **Dreamstime.com:** Kseniya Ragozina (bc). **41 Dreamstime.com:** Michal Balada (bc); Delstudio (bd). **42 Alamy Stock Photo:** Universal Images Group North America LLC / DeAgostini (cb). **43 Dreamstime.com:** Digitalimagined (ci); Michael Valos (cib). **44 123RF.com:** Pablo Hidalgo (cib). **Dreamstime.com:** Danakow (sd). **45 Dreamstime.com:** Johncarnemolla (c). **46 Science Photo Library:** Biozentrum, Universidad de Basilea (bi); Dr. Richard Kessel & Dr. Gene Shih, Visuals Unlimited (cia); Steve Gschmeissner (ci). **50 Alamy Stock Photo:** Krusty / Stockimo (ca). **Dreamstime.com:** Anest (cb); Hilmawan Nurhatmadi (cib); Martingraf (cd). **51 Alamy Stock Photo:** Colin Harris / era-images (c). **Dreamstime.com:** Paulgrecaud (sd). **52 Dreamstime.com:** Alima007 (bd). **Getty Images:** Ashley Cooper (bc). **53 123RF.com:** avtg (bd). **Dreamstime.com:** Mykhailo Pavlenko (bc). **55 Dreamstime.com:** Luca Luigi Chiaretti (cdb); Hotshotsworldwide (cda). **57 Alamy Stock Photo:** Stanislav Halcin (cda). **59 Alamy Stock Photo:** imageBROKER (cd); Nathaniel Noir (cda). **60-61 Dreamstime.com:** Fiona Ayerst (bc). **61 Dreamstime.com:** Ryszard Laskowski (bc).

62 Dreamstime.com: Max5128 (bd); Photodynamx (bc). **63 Dreamstime.com:** Jukka Palm (bi). **65 Dreamstime.com:** Peerapun Jodking (cda). **66 Alamy Stock Photo:** Rick & Nora Bowers (bi); Travelib Prime (cia). **71 123RF.com:** Andrea Izzotti (cd). **Dreamstime.com:** Stephankerkhofs (cda). **Getty Images:** Auscape / Universal Images Group (bd). **73 Alamy Stock Photo:** F.Bettex - Mysterra.org (cd). **Dreamstime.com:** Jeremy Brown (bd); Secondshot (cda). **74 Dorling Kindersley:** Jerry Young (ci). **Dreamstime.com:** Benoit Daoust / Anoucketbenoit (bi). **76 Dreamstime.com:** Rod Hill (sd). **naturepl.com:** Premaphotos (sc). **77 Alamy Stock Photo:** Blickwinkel (sc). **Dreamstime.com:** Geza Farkas (sd). **79 Alamy Stock Photo:** NaturePics (sd). **81 Dreamstime.com:** Isabelle O'hara (cda). **Getty Images:** De Agostini Picture Library (bd). **83 Alamy Stock Photo:** Tom Stack (cda). **Dreamstime.com:** Isselee (bd). **84 Alamy Stock Photo:** National Geographic Image Collection (bd). **85 Dorling Kindersley:** Jerry Young (bd). **naturepl.com:** Premaphotos (bc). **86 Dreamstime.com:** Seadam (cdb). **naturepl.com:** Alex Mustard (sd); Doug Perrine (ci). **87 naturepl.com:** Uri Golman (sc); Norbert Wu (ci); Pascal Kobeh (cd). **88 Alamy Stock Photo:** Image Source (bd). **89 Alamy Stock Photo:** Ross Armstrong (bc). **Dreamstime.com:** Nic9899 (bd). **91 123RF.com:** Michal Kadleček / majk76 (bd). **Alamy Stock Photo:** imageBROKER (cd). **93 123RF.com:** David Pincus (cd). **Alamy Stock Photo:** Helmut Corneli (cda); David Fleetham (bd). **95 Alamy Stock Photo:** Minden Pictures (bd); Nature Photographers Ltd (cd). **99 Dreamstime.com:** Altaoosthuizen (cda); William Wise (cd); Elantsev (bd). **100 123RF.com:** Iurii Buriak (bd). **101 Getty Images:** Frans Sellies (bd). **102 Dreamstime.com:** Asnidamarwani (bd); Patryk Kosmider (bc). **105 Alamy Stock Photo:** Avalon / Photoshot License (bd). **Dreamstime.com:** Maria Dryfhout / 14ktgold (cd). **106 FLPA:** Mike Parry (bc). **107 Dreamstime.com:** Melanie Kowasic (bd). **109 Getty Images:** Fuse (cda); Eastcott and Yva Momatiuk / National Geographic (bd); Paul Nicklen / National Geographic (cd). **111 Dreamstime.com:** Isselee (cda). **naturepl.com:** Yva Momatiuk & John Eastcott (cd). **112 Dreamstime.com:** Menno67 (bc); Wildlife World (bd). **113 Alamy Stock Photo:** Avalon / Photoshot License (bc). **114 Dreamstime.com:** Mikelane45 (bc); Mogens Trolle / Mtrolle (bd). **115 FLPA:** Otto Plantema / Minden Pictures (bd). **117 Alamy Stock Photo:** Reinhard Dirscherl (cda). **Dorling Kindersley:** Jerry Young (cd). **naturepl.com:** Matthias Breiter (bd). **119 123RF.com:** Eric Isselee / isselee (bd). **Alamy Stock Photo:** All Canada Photos (cd). **Dreamstime.com:** Marco Tomasini / Marco3t (cda). **120 Dreamstime.com:** Tropper2000 (cda); Rudmer Zwerver (cd). **121 123RF.com:** Andrea Marzorati (si); Anek Suwannaphoom (ca). **Dreamstime.com:** Ecophoto (ci); Simon Fletcher (cd). **iStockphoto.com:** S. Greg Panosian (sd). **123 123RF.com:** mhgallery (cd).

Dreamstime.com: Chayaporn Suphavilai / Chaysuph (bd); Mikelane45 (cda). **124 Alamy Stock Photo:** Arco Images GmbH (cia). **Dreamstime.com:** Khunaspix (bi). **126 Corbis:** image100 (bc). **127 Dreamstime.com:** Volodymyr Byrdyak (bd); Trichopcmu (bc). **128 Dorling Kindersley:** Jerry Young (cib). **129 naturepl.com:** John Abbott (bi). **131 123RF.com:** Duncan Noakes (cd). **Dreamstime.com:** Rinus Baak / Rinusbaak (sd). **132 123RF.com:** Uriadnikov Sergei (c). **134 Science Photo Library:** Dr G. Moscoso (bd). **136 Dreamstime.com:** Smithore (cd); Alexey Sedov (ci). **137 123RF.com:** gradts (cda); Teerayut Ninsiri (cd). **Dreamstime.com:** Cathywithers (cib); Elantsev (si); Oksix (bd)

Resto de las imágenes: © Dorling Kindersley
Para información adicional visite: www.dkimages.com

DK quiere agradecer a:
Caroline Hunt, por la corrección; Helen Peters, por el índice; Sam Priddy, por su apoyo editorial; Nidhi Mehra y Romi Chakraborty, por su apoyo en alta resolución.

Sobre el ilustrador
Sam Falconer es un ilustrador con gran interés en la ciencia. Ha ilustrado artículos en un gran número de publicaciones, entre las que destacan *National Geographic*, *Scientific American* o *New Scientist*. Este es su primer libro para niños.